Gerência de serviços para a gestão comercial

um enfoque prático

Gerência de serviços para a gestão comercial:
um enfoque prático

Edelvino Razzolini Filho

Av. Vicente Machado, 317 14º andar
Centro CEP 80420-010 Curitiba PR Brasil
Fone: (41) 2103-7306
www.editoraintersaberes.com.br
editora@editoraintersaberes.com.br

Conselho editorial	Dr. Ivo José Both (presidente)
	Drª. Elena Godoy
	Dr. Nelson Luís Dias
	Dr. Ulf Gregor Baranow
Editor-chefe	Lindsay Azambuja
Editor-assistente	Ariadne Nunes Wenger
Editor de arte	Raphael Bernadelli
Preparação de originais	Tiago Marinaska
Capa	Denis Kaio Tanaami
Projeto gráfico	Sílvio Gabriel Spannenberg
Iconografia	Danielle Scholtz

Dados Internacionais de Catalogação na Publicação (CIP)
(Câmara Brasileira do Livro, SP, Brasil)

Razzolini Filho, Edelvino
　　Gerência de serviços para a gestão comercial: um enfoque prático / Edelvino Razzolini Filho. – Curitiba: InterSaberes, 2012. – (Série Gestão Comercial).

　　Bibliografia.
　　ISBN 978-85-8212-078-1

　　1. Administração 2. Administração de empresas 3. Marketing 4. Serviços (Indústria) I. Título. II. Série.

12-07750　　　　　　　　　　　　　　　　CDD 658.4012

Índices para catálogo sistemático:
1. Gerência de serviços: Empresas: Administração   658.4012

Foi feito o depósito legal.

Informamos que é de inteira responsabilidade do autor a emissão de conceitos. Nenhuma parte desta publicação poderá ser reproduzida por qualquer meio ou forma sem a prévia autorização da Editora InterSaberes. A violação dos direitos autorais é crime estabelecido na Lei nº 9.610/1998 e punido pelo art. 184 do Código Penal.

1ª edição, 2012.

Sumário

7	Agradecimentos
11	Apresentação
14	Como aproveitar ao máximo este livro
19	Introdução

23	**1 Entendendo os serviços**
27	1.1 O que são serviços?
30	1.2 Os serviços na economia
33	1.3 Características dos serviços
37	1.3.1 Classificação dos serviços
40	1.3.2 Elementos do serviço ao cliente
43	1.4 Outras considerações relevantes sobre serviços
44	1.5 Estratégias em serviços
45	1.5.1 Elementos da estratégia em serviços
50	1.5.2 Princípios e passos para a estratégia de serviço ao cliente

59	**2 Gerência de serviços**
64	2.1 O fornecimento de serviços
68	2.2 Relações de fornecimento de serviços
70	2.2.1 Gestão da informação no fornecimento de serviços
74	2.3 Gerenciando filas em operações de serviços
80	2.4 Compras de serviços
83	2.4.1 Decisões de compras
84	2.5 Atividades e estrutura da gerência de serviços
86	2.5.1 Descrição da gerência de serviços
86	2.5.2 Competências esperadas da gerência de serviços
87	2.5.3 Responsabilidades, subordinação e relações funcionais da gerência de serviços
88	2.5.4 Atividades da gerência de serviços

88	2.5.5 Avaliação de desempenho da gerência de serviços
95	**3 Qualidade em serviços**
100	3.1 Como os serviços impactam sobre os clientes/usuários
106	3.2 O que é qualidade?
108	3.2.1 Melhorando a qualidade e a produtividade dos serviços
115	3.2.2 Ferramentas da qualidade
119	3.2.3 Avaliando a qualidade dos serviços
129	**4 Planejamento gerencial em serviços**
133	4.1 O que é planejamento gerencial?
135	4.2 Análise ambiental no processo de planejamento
137	4.3 Os sistemas de informações gerenciais e os serviços
141	4.3.1 Caracterizando os sistemas de informações gerenciais (SIGs)
143	4.4 O gerenciamento dos sistemas de informações de *marketing* de serviços
147	4.5 O papel do treinamento para os serviços
152	4.6 Técnicas de atendimento ao público
155	4.7 Atendimento pessoal e atendimento telefônico
156	4.8 Atendimento telefônico
158	4.9 Testando a excelência dos serviços
159	4.9.1 Bases para se testar a excelência nos serviços
165	Para concluir
171	Glossário
173	Estudos de caso
181	Referências
187	Respostas
193	Sobre o autor

Agradecimentos

São tantos os agradecimentos por fazer que sempre nos esquecemos de alguém importante. Assim, gostaria de **agradecer a todos os meus amigos** que sempre me apoiam e que estão comigo nos momentos mais difíceis.

Agradeço aos meus irmãos e a meus familiares mais próximos, com os quais sei que sempre poderei contar.

Desnecessário dizer que agradeço à minha esposa, aos meus filhos e ao meu neto, por serem os mais privados de minha atenção e companhia durante o processo de produção de um livro como este.

Também preciso agradecer a todos os funcionários da Editora InterSaberes, que são sempre gentis e solícitos no trato com os autores.

Especificamente, gostaria de representar toda a equipe da Editora na pessoa de Tiago Krelling

Marinaska, que efetuou, com muita atenção e carinho, a preparação do texto desta e de outras obras.

Sem o empenho e a dedicação de toda a equipe de profissionais da Editora, certamente esta obra (assim como as demais publicações) não teria a qualidade que os leitores estão habituados a encontrar nas produções da Editora InterSaberes. A todos vocês meu sincero agradecimento.

"Um professor afeta a eternidade. Ele nunca será capaz de dizer quando a sua influência se detém."

(Henry Adams – 1838-1918)

Apresentação

Neste livro, procuramos preparar o leitor para conhecer os principais aspectos relacionados ao gerenciamento de serviços e para identificar a importância do serviço para a economia como um todo e para o *marketing* em particular, a partir da compreensão da importância dos serviços para a agregação de valor aos produtos em geral ou, ainda, aos serviços em si.

O livro está estruturado em quatro capítulos, cada um desempenhando um papel importante para a compreensão da definição e das principais atribuições da gerência de serviços de *marketing*.

No primeiro capítulo – *Entendendo os serviços* – o leitor contemplará uma definição do que são os serviços – o que os caracteriza, como eles se classificam, quais os elementos que os compõem e qual o papel deles para a economia. Com base nessa compreensão, o leitor estará preparado para entender o significado da estratégia em serviços e os elementos que devem integrar essa estratégia, bem como compreender os princípios e os passos que levam à elaboração e à consecução de uma estratégia em serviços para que uma dada organização suporte com sustentabilidade a competitividade organizacional que a envolve constantemente.

No segundo capítulo, intitulado *Gerência de serviços*, buscamos estabelecer os conhecimentos necessários para a construção de uma rede de fornecimento de serviços, na qual o gerente de serviços desempenha o papel central como elemento agregador na construção das necessárias e fundamentais relações de confiança que devem existir entre cliente e fornecedor. Apresentamos também os conceitos básicos sobre o fornecimento de serviços e as relações existentes nesse processo. Tratamos do gerenciamento de filas em operações de serviço, ponto crucial no gerenciamento dos serviços, embora sejam negligenciados (propositadamente) os conteúdos estatísticos, bem como os dados de pesquisa operacional relacionados à teoria das filas. Procuramos nesta obra nos focar na importância do gerenciamento dos serviços nos diferentes tipos de filas existentes na prestação de serviços.

Na sequência, abordamos a questão das compras de serviços, sobretudo nas relações entre empresas, e apresentamos o processo decisório das compras de serviços, aspecto fundamental para entendermos o comportamento dos clientes relacionado aos serviços. Embora semelhantes aos processos de decisão de compra de um produto tangível, os serviços exigem maior percepção do comportamento do cliente/usuário por parte da gerência de serviços. Finalizamos o capítulo apresentando as principais atividades da gerência de serviços e breves comentários sobre a sua estrutura funcional.

No terceiro capítulo, abordamos um tema central ao gerenciamento dos serviços: a qualidade em serviços. Tema central, posto que os serviços, pelas suas características, são de difícil padronização e, com isso, apresentam grande variabilidade no momento de sua execução. Assim, discorremos sobre a forma como os serviços impactam sobre os clientes/usuários e como esses impactos podem ser minimizados. Adotamos um conceito de qualidade como adequação ao uso (Juran, 1990) e apresentamos formas de melhorar a qualidade e a produtividade dos serviços, com breves considerações sobre o que é produtividade. Apresentamos as principais ferramentas da qualidade, finalizando o capítulo com uma análise das formas de avaliação da qualidade dos serviços.

No quarto capítulo desta obra, intitulado *Planejamento gerencial em serviços*, procuramos demonstrar que uma das tarefas primordiais da gerência de serviços deve ser o planejamento dos serviços que são oferecidos aos clientes/usuários da organização. Para isso, procuramos esclarecer o conceito de planejamento gerencial e a importância da análise do ambiente para a função planejamento. Na sequência, estabelecemos o conceito de sistemas de informações gerenciais relacionados à oferta de serviços, tratando paralelamente da gerência dos sistemas de informações de *marketing* na área de serviços.

Ainda no referido capítulo, passamos à operacionalização do planejamento, demonstrando a existência e o papel de um subsistema de treinamento dos recursos humanos envolvidos com a prestação dos serviços, uma vez que as pessoas são peça-chave para serviços de excelência. Apresentamos a necessidade da existência de técnicas de atendimento ao público, tanto no atendimento pessoal quanto no telefônico, uma vez que atender ao público é um ato de integração humana e, como resultado, são pessoas que fazem a diferença entre as organizações. Finalizamos o capítulo destacando a importância de processos que permitem avaliar o desempenho dos serviços prestados pelas organizações, estabelecendo algumas bases conceituais para construir esses processos de avaliações do desempenho em serviços.

Na conclusão, procuramos sintetizar nossa opinião a respeito do gerenciamento de serviços para a gestão comercial, à luz dos conhecimentos contidos no livro.

Como aproveitar ao máximo este livro

ste livro traz alguns recursos que visam enriquecer o seu aprendizado, facilitar a compreensão dos conteúdos e tornar a leitura mais dinâmica. São ferramentas projetadas de acordo com a natureza dos temas que vamos examinar. Veja a seguir como esses recursos se encontram distribuídos na obra.

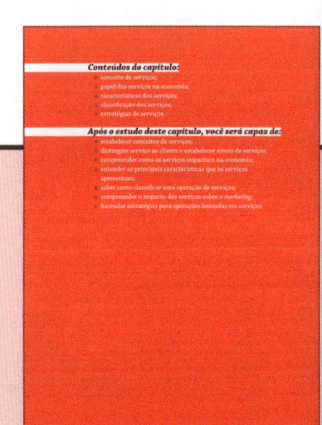

Conteúdos do capítulo

Logo na abertura do capítulo, você fica conhecendo os conteúdos que serão nele abordados.

Após o estudo deste capítulo, você será capaz de:

Você também é informado a respeito das competências que irá desenvolver e dos conhecimentos que irá adquirir com o estudo do capítulo.

Estudos de caso

Esta seção traz ao seu conhecimento situações que vão aproximar os conteúdos estudados de sua prática profissional.

Síntese

Você dispõe, ao final do capítulo, de uma síntese que traz os principais conceitos nele abordados.

Questões para revisão

Com estas atividades, você tem a possibilidade de rever os principais conceitos analisados. Ao final do livro, o autor disponibiliza as respostas às questões, a fim de que você possa verificar como está sua aprendizagem.

Questões para reflexão

Nesta seção, a proposta é levá-lo a refletir criticamente sobre alguns assuntos e trocar ideias e experiências com seus pares.

Para saber mais

Você pode consultar as obras indicadas nesta seção para aprofundar sua aprendizagem.

Introdução

Embora o título deste livro possa parecer pretensioso – *Gerência de serviços para a gestão comercial: um enfoque prático* –, não foi essa a nossa intenção. O que pretendemos é demonstrar que a gerência de serviços é algo simples, embora exija uma verdadeira (r)evolução dentro das organizações, uma vez que implica mudanças de cultura.

Mudar a cultura de uma organização é sempre um trabalho que exige tempo e muita paciência, pois mudanças geram resistência, demandando perseverança e dedicação por parte dos seus administradores. Porém, a palavra *serviço* tem sua raiz em *servir*, uma palavra carregada de muitas conotações. Neste texto, entendemos servir como "colocar-se à disposição", "procurar ser útil", "estar pronto para ajudar". Portanto, compreendemos o serviço como uma atitude que exige que as organizações estejam dispostas a modificar sua cultura.

Entretanto, no mundo dos negócios, o objetivo é o lucro (ou ganhar dinheiro...), mesmo que isso signifique negligenciar as relações humanas. Na maioria dos casos, o cliente é somente "mais um detalhe" do negócio. Porém, várias organizações se esquecem que é exatamente esse "detalhe" que compra os produtos ou serviços das organizações e que garante a perenidade (ou não) destas.

O século XXI se iniciou sob a égide de uma competitividade sem igual na história humana, na qual as organizações podem dispor de recursos e mercados (leia-se *clientes*) oriundos de qualquer ponto do globo terrestre. Isso significa que as organizações devem buscar aspectos que as diferenciem umas das outras. E o que pode gerar essa necessária diferenciação? Não pretendemos ter todas as respostas. Porém, temos uma certeza: a forma como as pessoas são tratadas pelas organizações pode fazer a diferença. Não se trata de uma visão piegas ou quixotesca. Trata-se de acreditar, em uma visão extremamente abrangente, que são as pessoas o principal "recurso" à disposição das organizações, posto que são prestadoras de serviços e, ao mesmo tempo, clientes ou usuárias desses mesmos serviços. Portanto, se as pessoas souberem construir relacionamentos sólidos e duradouros nas relações de serviços, certamente as organizações se beneficiam desses relacionamentos, traduzindo tal relacionamento em resultados desejados (em termos de lucros).

Assim, este livro foi escrito com este "viés", com a percepção de que os serviços podem ser **o mais importante** diferencial competitivo das organizações no século XXI. É exatamente em função da compreensão do papel e da importância das pessoas no ambiente organizacional que atualmente estudamos temas como: gestão do conhecimento; inteligência competitiva; inteligência empresarial; gestão por competências; avaliação de desempenho etc. Podemos ver, dessa forma, que esses temas, tão "na moda" na ciência da administração, gravitam em torno das pessoas.

Esperando ter prestado um bom serviço ao leitor, desejamos que a leitura deste livro possa torná-lo uma pessoa melhor.

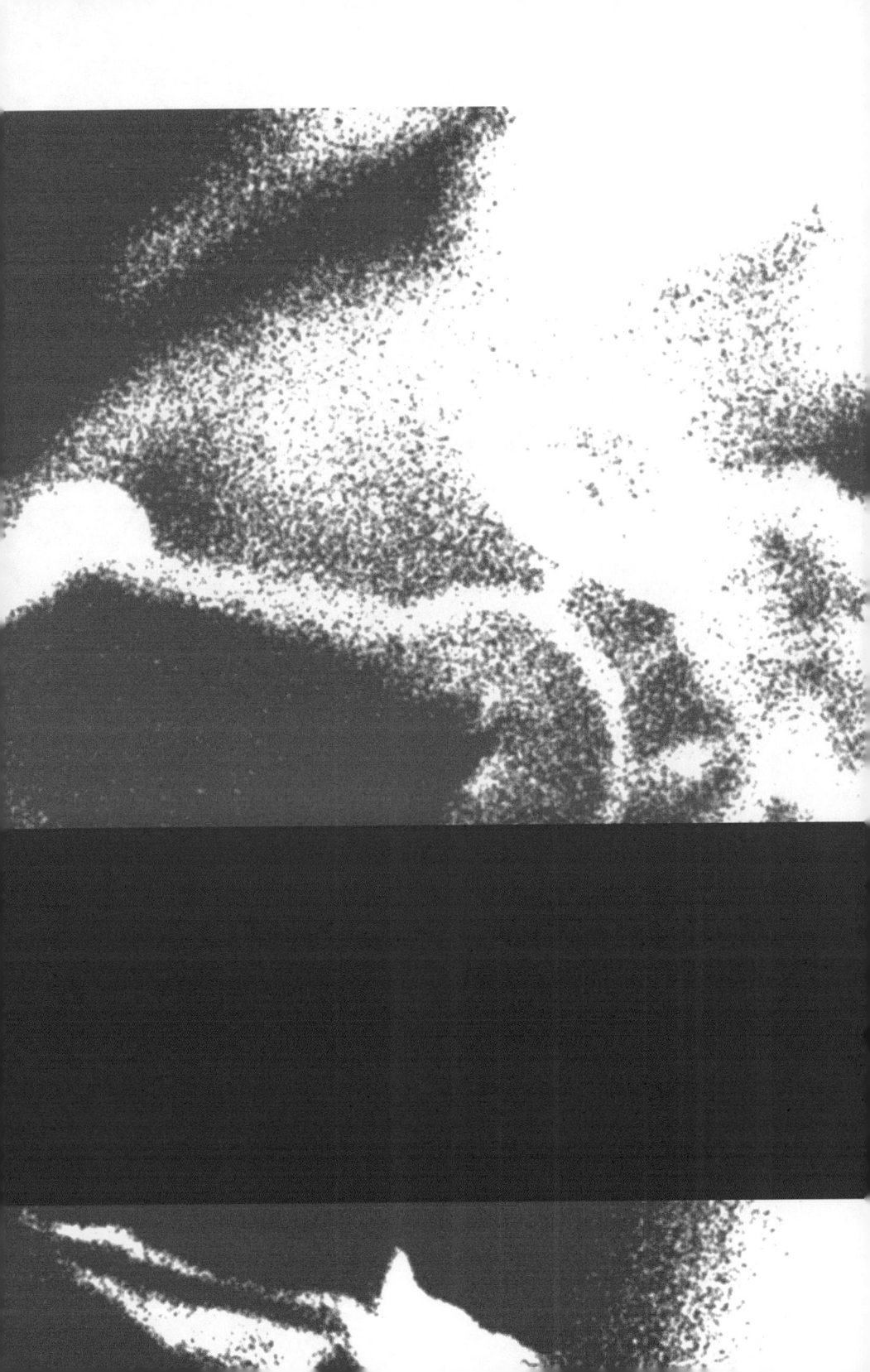

1
Entendendo os serviços

Conteúdos do capítulo:

- conceito de serviços;
- papel dos serviços na economia;
- características dos serviços;
- classificação dos serviços;
- estratégias de serviços.

Após o estudo deste capítulo, você será capaz de:

- estabelecer conceitos de serviços;
- distinguir serviço ao cliente e estabelecer níveis de serviços;
- compreender como os serviços impactam na economia;
- entender as principais características que os serviços apresentam;
- saber como classificar uma operação de serviços;
- compreender o impacto dos serviços sobre o *marketing*;
- formular estratégias para operações baseadas em serviços.

ara compreendermos o que sejam serviços, precisamos entender que um serviço é algo que somente pode ser avaliado com a participação de quem o recebe. Em outras palavras, o serviço exige a participação do cliente/consumidor. Precisamos entender que aquilo que comumente chamamos de *serviço ao cliente* tem por finalidade suportar estratégias de *marketing* das organizações e, para que esse serviço tenha êxito, ele necessita do suporte de alguns itens fundamentais, conforme podemos observar na lista de Christopher (1999) demonstrada a seguir.

- **Valores da marca**: São todos os atributos que o cliente confere à marca (sua experiência pessoal em relação à marca).
- **Imagem da organização**: Construída ao longo do tempo pela relação que a organização consegue estabelecer com o cliente.
- **Parcerias e/ou alianças que a organização constrói**: Criadas ao longo da sua cadeia de suprimentos e dos canais de distribuição, com os quais os clientes/consumidores mantêm contato.
- **Rapidez de resposta**: Quando a organização consegue reagir rapidamente às mudanças nas demandas dos clientes/consumidores.
- **Flexibilidade**: Quando a organização consegue adaptar-se às mudanças comportamentais dos seus clientes/consumidores.
- **Fornecedores de baixo custo**: Para que a organização consiga repassar os benefícios decorrentes dos baixos custos para os preços praticados aos clientes/consumidores.

❖ **Operação com base de ativos reduzida**: Se a organização consegue operar com poucos ativos, sua possibilidade de se diferenciar no quesito preço é bastante elevada.

Quando uma organização consegue agregar todos os aspectos anteriormente relacionados, é muito provável que ela atinja a eficiência de *marketing*, que é mensurada em termos de maior participação de mercado (*share*), retorno sobre o investimento superior ao dos concorrentes e maior taxa de retenção de clientes. Segundo Milan (2005, p. 1), daí advém

> a importância de se tratar o serviço ao cliente como uma forma de agregação de valor aos clientes, ampliando os benefícios provenientes da oferta de cada empresa. Como decorrência disso, é inevitável que se faça uma relação direta entre a obtenção de uma fonte de vantagem competitiva sustentável ao longo do tempo, o serviço ao cliente e uma filosofia empresarial coerente com tal encadeamento lógico, a orientação para mercado.

Uma das formas de entendermos o serviço ao cliente consiste em compreendermos que o serviço deve oferecer "utilidades" para o cliente/consumidor, sobretudo as utilidades espaço-temporais, ou seja, o serviço no lugar e no momento em que o cliente dele necessita.

O conceito de serviço ao cliente é muito amplo e, ainda, deve ser adaptado à realidade de cada organização em particular, uma vez que cada cliente/consumidor (ou grupos deles) possui necessidades e/ou desejos específicos que devem ser satisfeitos caso a caso pelas organizações.

Outro aspecto relevante para o entendimento do que se trata o serviço ao cliente é o fato de que todo produto é composto de um núcleo central (o produto em si), ao qual se agregam uma série de facilidades (ou utilidades) que objetivam satisfazer às necessidades e/ou aos desejos dos clientes. Esse núcleo central é formado por elementos tangíveis que estão intrinsecamente relacionados com o produto, como a sua qualidade, suas características físicas, a tecnologia empregada em sua produção, sua durabilidade, *design* etc. Por outro lado, as facilidades (ou utilidades) são elementos intangíveis, tais como a frequência com que se fazem entregas ao cliente/consumidor, a confiabilidade e a consistência dessas entregas, a disponibilização de um ponto único de contato com a organização, que resolva as solicitações desse cliente/consumidor, a facilidade de negociação, o suporte técnico, o apoio pós-venda etc.

Questão para reflexão

Produtos dissociados de serviços não vendem! Você concorda com essa afirmativa?

Quando as organizações conseguem criar tais facilidades agregadas aos produtos, podemos afirmar que elas oferecem um bom nível de serviço aos seus clientes/consumidores e, consequentemente, apresentam vantagens competitivas em relação aos concorrentes.

A oferta de serviços agregados aos produtos é fundamental para o apoio às estratégias de *marketing* das organizações. Por isso, é essencial que um nível de serviços elevado seja vinculado aos produtos da organização para que os clientes percebam o valor agregado e, dessa forma, tragam maior lucratividade à organização.

Neste capítulo vamos compreender mais detalhadamente o que são serviços, quais são suas características, sua natureza e o seu papel para os sistemas econômicos, bem como alguns aspectos da estratégia relacionada aos serviços.

1.1 O QUE SÃO SERVIÇOS?

Antes de qualquer outro tema, é importante destacarmos que as organizações devem oferecer aos seus clientes/consumidores o mais alto nível de serviços possível, operando, ao mesmo tempo, com os menores custos totais possíveis. É importante frisarmos tal informação, uma vez que é praticamente impossível aumentarmos o nível de serviços sem incorrermos em aumento de custos. Portanto, a alternativa restante consiste em buscarmos, a partir de soluções criativas, um nível elevado de serviço (com eficiência operacional) sem onerarmos excessivamente os custos, em uma relação custo-benefício que seja satisfatória tanto para os clientes quanto para a organização.

Além disso, as organizações podem oferecer níveis de serviços diferentes a clientes/consumidores (individuais ou em grupos), de forma diferente, escolhendo quais

> devem atender com cada nível de serviços. Vale lembrar o princípio de Pareto (80:20) em que apenas 20% dos clientes são responsáveis por 80% dos resultados. Assim, a empresa pode oferecer um alto nível de serviço para aqueles 20% de clientes que realmente são importantes e, para os demais, oferecer um nível básico de serviços. (Razzolini Filho, 2000, p. 19)

Diante disso, precisamos compreender que as organizações devem possuir um conhecimento profundo dos seus clientes/consumidores, das suas necessidades, dos seus desejos e expectativas, para buscar suprir suas demandas e manter contato constante com eles, a partir do suporte de sistemas e da tecnologia de informação.

A interação sociedade-organização é vista, neste século XXI, como uma relação diretamente imbricada ao sucesso de qualquer empreendimento. Quando conhecemos profundamente a sociedade (onde se localizam os clientes/consumidores), podemos gerenciar adequadamente os fatores controláveis do composto de *marketing* (produto, preço, promoção e distribuição), de forma a moldarmos (ou nos adaptarmos a) os padrões de consumo, as atitudes públicas (dos clientes e da organização) e o bem-estar socioeconômico (dos clientes e dos não clientes).

Como já dissemos anteriormente, as organizações devem buscar oferecer um nível de serviço ao cliente que seja satisfatório (no sentido de que satisfaz), ou então, que supere suas expectativas. Para tanto, a organização precisa atentar-se aos seguintes detalhes:

- examinar cuidadosamente os clientes/consumidores existentes no mercado (ou na própria carteira de clientes da organização);
- buscar agrupar tais clientes/consumidores em grupos homogêneos (em termos de suas necessidades, desejos e/ou expectativas);
- elaborar um "pacote básico de serviços" para atender a tais grupos homogêneos, de maneira a encantá-los (pela superação de suas expectativas).

Com o apoio da tecnologia da informação e da comunicação (TIC – com *software* tipo CRM, *Data Mining* etc.), a organização objetiva diferenciar-se da concorrência no quesito *serviços*, principalmente para aqueles clientes mais significativos (que geram maior resultado no faturamento), pois a seletividade de clientes "inicia-se com a noção que empresas devem agressivamente selecionar consumidores que tenham alto potencial e estejam entre os melhores clientes para os negócios" (CLM, 1995, p. 73).

Questão para reflexão

Será que uma organização pode sobreviver, no século XXI, sem o suporte da tecnologia da informação?

Acreditamos que todo o conteúdo até aqui trabalhado nos permite perceber que o conceito de serviços é bastante amplo e abrangente. Porém, ainda não conceituamos de forma precisa o que são serviços. Então vejamos.

La Londe e Zinszer (1976) definem serviço ao cliente como sendo "um **conjunto de atividades envolvendo todas as áreas do negócio**, que se combinam para **entregar e faturar os produtos da organização**, de uma maneira que seja percebida como satisfatória pelo cliente, e que demonstre os objetivos da organização". [grifo do autor]

Por sua vez, Gronroos (1990, p. 27) entende serviço como

uma série de atividades de natureza mais ou menos intangível que normalmente, mas não necessariamente, ocorre em **interações** que acontecem entre **consumidores e empregados de serviços e/ou recursos físicos ou bens e/ou sistemas do fornecedor do serviço**, que são oferecidos como soluções para os problemas do consumidor. [grifo do autor]

Podemos perceber que os dois conceitos apresentados têm algo em comum: primeiro, os autores apresentados entendem *serviço* como um **conjunto de atividades** e, em segundo lugar, apontam uma característica fundamental dos serviços – a busca da **satisfação do cliente/consumidor** ou da solução de algum problema que este venha a apresentar.

Assim, poderíamos sintetizar os dois conceitos apresentados, conceituando serviço da seguinte forma:

> Serviço é uma atividade ou o conjunto de atividades através da qual pretendemos que um produto, ou conjunto de produtos, satisfaça as necessidades, desejos e/ou expectativas do cliente/consumidor.

Assim, podemos concluir que os serviços:

- agregam valor aos produtos das organizações;
- diferenciam os produtos da organização dos produtos concorrentes;
- podem ser elementos que conquistam fidelidade dos clientes (possibilitando a necessária e desejável retenção de clientes);
- são importantes auxiliares às estratégias de *marketing*;
- funcionam como suporte às estratégias competitivas das organizações.

Portanto, com base na conceituação de serviços, podemos compreender que os serviços são fundamentais para a desejada, e necessária, diferenciação competitiva das organizações. Porém, antes de prosseguirmos, vamos buscar entender, na próxima seção, a relevância dos serviços para os sistemas econômicos, uma vez que é esse o contexto no qual as organizações estão inseridas.

1.2 OS SERVIÇOS NA ECONOMIA

Atualmente, vivemos na dita *sociedade pós-industrial,* em uma economia que podemos chamar de *economia de serviços*. Na sociedade industrial, o padrão de vida das pessoas era definido pelo volume de bens que estas possuíam, enquanto na sociedade pós-industrial a preocupação se concentra na qualidade de vida, mensurada pela oferta de serviços como saúde, educação e entretenimento. A figura central nessa sociedade passa a ser o profissional e o recurso mais importante passa a ser a informação.

À medida que as sociedades evoluem em seus sistemas industriais de produção (tornando-se, portanto, sociedades industrializadas), as pessoas passam a consumir um volume maior de bens duráveis e, quando satisfazem suas necessidades por meio desses bens duráveis, tendo renda para gastar, elas procuram adquirir serviços de educação, lazer e esporte, saúde, entre outros. Essa mudança é claramente percebida na composição da renda nacional (que é expressada pelo Produto Interno Bruto – PIB), uma vez que as organizações prestadoras de serviço são as que empregam um maior contingente de mão de obra e, ainda, geram maior volume de receita[1].

Para termos uma ideia do que o setor de serviços representa para a economia brasileira, veja o artigo a seguir.

[1] Para se ter uma ideia da dimensão do assunto de que estamos tratando, apresentamos a classificação para os serviços elaborada pela Comissão Nacional de Classificação (Concla), disponível no seguinte site: <http://www.ibge.gov.br/home/estatistica/economia/classificacoes/cnae2.0/estrutura_detalhada.pdf>.

IBGE: serviços financeiros foi o setor que mais cresceu

O setor de intermediação financeira, previdência complementar e serviços relacionados foi o que mais cresceu no segundo trimestre em relação ao mesmo período do ano passado, com 12,7%, de acordo com os números do Produto Interno Bruto (PIB), divulgados hoje pelo Instituto Brasileiro de Geografia e Estatística (IBGE). Também se expandiram em ritmo superior à média da economia os setores de construção civil (+9,9%), serviços de informação (+9,7%), comércio (+8,9%) e agropecuária (+7,1%).

Abaixo da média de 6,1% no período, ficaram a indústria extrativa mineral (+5,3%), a indústria de transformação (+4,8%), os serviços de produção e distribuição de eletricidade, gás e água (+4,5%), o grupo de transporte, armazenagem e correio (+4,4%) e o de outros serviços (+4%), administração, saúde e educação pública (+2,3%) e serviços imobiliários e de aluguel (+1,9%).

Construção civil

A construção civil foi o segmento de maior destaque na indústria no segundo trimestre, com crescimento de 9,9% na comparação com o segundo trimestre de 2007. "Esse crescimento foi muito influenciado pelas obras públicas e no primeiro trimestre a alta da construção civil também foi próxima de nove", disse a gerente de Contas Nacionais Trimestrais do IBGE, Rebeca Palis. Ela citou também que houve crescimento do crédito direcionado à habitação de 26,7% no período. "A população ocupada na construção está crescendo 5%", disse também.

A indústria extrativa mineral cresceu 5,3% no segundo trimestre ante o mesmo período de 2007, influenciada principalmente pelo setor de petróleo e gás, de maior peso, que se expandiu 5,1%. A extração de minério de ferro aumentou 7,3% nessa comparação.

Já a indústria de transformação registrou alta de 4,8%, tendo como destaques máquinas e equipamentos, automóveis, metalurgia, material elétrico e produtos químicos. Os serviços industriais de utilidade pública (Siup), como energia elétrica, água e saneamento tiveram expansão de 4,5%. "O que puxou para cima aí foi o gás. A energia elétrica apresentou taxa mais baixa", contou Rebeca.

Setor externo

O setor externo manteve, no segundo trimestre de 2008, a contribuição negativa sobre o PIB que vem sendo registrada desde o primeiro trimestre de 2006, ressaltou Rebeca Palis. Isso ocorre porque as importações são contabilizadas com sinal negativo no cálculo do PIB e estão crescendo acima das exportações.

No segundo trimestre, segundo Rebeca, houve aceleração no aumento das importações e exportações especialmente por causa do fim da greve dos auditores federais. Na comparação com igual período de 2007, as exportações aumentaram 5,1% no segundo trimestre deste ano, enquanto as importações registraram alta de 25,8%. No primeiro trimestre, nessa base de comparação, as exportações tiveram queda de 2,1%, enquanto as importações aumentaram 18,9%.

No caso das importações de bens e serviços, os destaques no segundo trimestre foram, entre os produtos, máquinas e equipamentos, produtos de extrativa mineral, siderurgia, veículos automotores, têxtil e equipamentos eletrônicos.

Fonte: Farid; Chiarini, 2008.

A matéria anteriormente citada nos permite concluir que os serviços estão ocupando papel de maior destaque na economia brasileira, o que exige ainda mais cuidado por parte das organizações para garantir que seus serviços sejam escolhidos em detrimento dos serviços oferecidos pelos concorrentes.

Um dos fatores que permitiram esse rápido crescimento do setor de serviços foi a evolução dos recursos da tecnologia da informação e da comunicação (TIC), uma vez que

> Com o desenvolvimento na tecnologia da informação, muitas organizações que tradicionalmente ofereciam apenas produtos tangíveis estão considerando lógico e lucrativo acrescentar serviços a seu composto de produtos. Suas inovações podem ser aperfeiçoamentos nos produtos originais da organização ou produtos inteiramente novos. (Churchill Junior; Peter, 2000, p. 292)

Assim, com o suporte da TIC, as organizações aprimoram seu conhecimento sobre seus clientes/consumidores (com bancos de dados gigantescos contendo informações sobre eles), de tal forma que podem atendê-los conforme suas necessidades específicas. Além disso, novos sistemas são incorporados ao dia a dia organizacional, como os *softwares* de CRM, que permitem uma exploração ainda maior do potencial da organização em oferecer novos serviços aos clientes, mesmo quando eles não sabem expressar suas necessidades.

Os serviços, como já comentamos, são diferentes dos produtos tangíveis aos quais estamos acostumados em nosso dia a dia. Porém, contamos cada vez mais com uma enorme gama de serviços para nosso conforto e comodidade. Para termos uma vaga ideia do impacto gerado pelos serviços, basta imaginarmos os chamados *pet shops* (que nem sequer existiam há alguns anos atrás), que, além de comercializarem produtos para animais de estimação, vão até nossas casas buscá-los para um verdadeiro "tratamento de beleza" (banho, tosa etc.) e, ainda, mantêm atualizadas as fichas dos "pequenos clientes" para que as suas vacinas sejam mantidas sempre em ordem.

Para compreendermos como os serviços podem ser utilizados pelas organizações e/ou serem agregados aos produtos por elas comercializados, precisamos compreender as características dos serviços e suas possíveis classificações, conforme veremos na seção a seguir.

1.3 CARACTERÍSTICAS DOS SERVIÇOS

Já sabemos que os serviços são diferentes dos produtos tangíveis. Porém, como podemos distinguir corretamente os serviços dos produtos físicos aos quais nos acostumamos? Não é tão simples quanto possa parecer, uma vez que os serviços apresentam características únicas, que, exatamente por isso, tornam-nos especiais, exigindo direcionamento e gerenciamento adequados.

Buscando aprimorar nosso entendimento do que sejam serviços, é importante destacarmos algumas características dos serviços. Tais características nos permitem perceber a complexidade do tema, além de nos possibilitarem vislumbrar o campo de ação da gerência de serviços, dentro das organizações. As características dos serviços podem ser percebidas no Quadro 1.1 a seguir.

Quadro 1.1 – Caracterização dos serviços

Características	Descrição/Significado
Intangibilidade	Os serviços podem ser consumidos, mas não possuídos. Não podem ser sentidos e nem podem ser facilmente definidos.
Perecibilidade	Uma vez produzidos, os serviços devem ser consumidos, pois não podem ser estocados para consumo futuro.
Unicidade	Geralmente, não podem ser separados do seu produtor/fornecedor nem do produto ao qual estão agregados.
Padronização	Usualmente, os serviços são ancorados em pessoas, máquinas e equipamentos, com maior ênfase no componente humano. Assim, são de difícil padronização e uniformidade.
Proteção	Serviços raramente podem ser protegidos por patentes e podem ser fácil e rapidamente copiados. Por isso, é fundamental a existência de processos que sejam difíceis de serem copiados e suporte de tecnologia da informação.
Relacionamento	Os serviços normalmente implicam relacionamentos contínuos e duradouros com os clientes. Daí a importância da utilização de *software* de gerenciamento do relacionamento com o cliente (CRM).
Envolvimento do cliente	Enquanto na fabricação de um produto o cliente raramente participa, na elaboração de um serviço o cliente não apenas pode como deve ser convidado a participar.
Disponibilidade	Embora os serviços sejam perecíveis, não podem ser estocados; precisam estar disponíveis quando o cliente desejar. Equipes de reserva são uma alternativa.

Fonte: Adaptado de Razzolini Filho, 2000.

O quadro anteriormente demonstrado nos permite perceber algumas características importantes dos serviços, que devem ser consideradas pelas organizações no momento do "desenho" de suas operações de serviços a serem ofertados aos clientes/consumidores.

O que podemos observar é que poucas organizações estão realmente habilitadas a explorar as capacidades de um gerenciamento de serviços, a menos que tenham programas adequados desenvolvidos para determinar um posicionamento estratégico e estrutural, uma vez que "as novas práticas são resultado de um cuidadoso redesenho das exigências do trabalho para prover consistentemente serviços superiores ao consumidor" (CLM, 1995, p. 62).

Diante desse quadro, existe a necessidade de os responsáveis pela área de gerenciamento de serviços das organizações terem grande capacidade em avaliar adequadamente as implicações das diferentes alternativas estratégicas apresentadas, além da necessidade de procurarem quantificar como tais alternativas impactarão no desempenho organizacional. Isso é de fundamental importância para se enquadrar e comunicar adequadamente quais as capacidades de prestação de serviços que possuem potencial para permitir ganhos de competitividade. As empresas que possuem desempenho em serviços de classe mundial são aquelas que se dispõem a investir em capital e em custos operacionais para oferecer serviços superiores aos seus clientes.

> Assim, um serviço ao cliente/consumidor consiste na realização de todos os meios possíveis para satisfazê-lo, oferecendo facilidades e informações sem limitar a duração desses serviços, mesmo que estes sejam oferecidos graciosamente, sem custo adicional para o cliente/consumidor, pois o importante é o estabelecimento de relações duradouras com os clientes/consumidores.

Convém ressaltarmos que cada transação com o cliente/consumidor apresenta um caráter único, o que nos exige considerar se esse serviço que está sendo prestado é o mais adequado tanto para o cliente/consumidor quanto para a empresa, pois "às vezes os serviços da organização não são a melhor maneira de criar valor para os clientes. Explicar esse fato aos clientes pode ser parte de um bom marketing de relacionamento" (Churchill Junior; Peter, 2000, p. 42).

Embora os clientes/consumidores muitas vezes não tenham parâmetros para avaliar os serviços que lhes são oferecidos (dadas as características destes), mesmo que de maneira empírica ou pouco estruturada, os clientes/consumidores irão avaliar os custos e os benefícios em suas decisões de compra. A esse respeito, Churchill Junior e Peter (2000, p. 67) comentam que "em algumas situações, como as compras importantes ou as organizacionais, os clientes podem avaliar atentamente uma série de benefícios e custos em suas decisões".

Questão para reflexão

Será que os serviços não podem ser avaliados de forma realmente estruturada?

A gerência de serviços, em conjunto com o *marketing*, pode aumentar o valor para o cliente/consumidor através de aumento dos níveis de serviço ao cliente. Uma vez que existem muitas combinações possíveis entre custos e benefícios, existem igualmente muitas combinações estratégicas para oferecermos um valor superior ao cliente/consumidor por meio dos serviços que lhe são oferecidos. O importante é que "para proporcionar serviços de qualidade, a organização precisa adequá-los às necessidades e desejos de clientes específicos e criar valor. Em outras palavras, raramente os serviços podem ser altamente padronizados" (Churchill Junior; Peter, 2000), conforme já identificado na caracterização dos serviços.

Portanto, serviço ao cliente/consumidor pode ser entendido, ainda, como

> [...] um processo que ocorre entre comprador, vendedor e um terceiro. O processo resulta em um valor agregado ao produto ou ao serviço que foram objetos de troca. Esse valor agregado no processo de troca pode ser de curto prazo, em uma única transação, ou em um prazo mais longo, como em um relacionamento contratual. O valor agregado também é compartilhado, de modo que cada uma das partes da transação ou contrato esteja melhor no final da transação do que estava antes do ocorrido. (Lambert; Stock; Vantine, 1998, p. 113)

Na prática, o que percebemos é que poucas empresas "têm políticas definidas de serviço ao cliente e muito menos uma organização suficientemente flexível para gerenciá-lo e controlá-lo, quando se considera que este serviço pode ser o mais importante elemento no composto mercadológico da companhia" (Christopher, 1997, p. 30). Portanto, a organização que puder ofertar maiores benefícios e/ou custos menores estará apresentando um serviço ao cliente/consumidor de maior valor, tendo assim a possibilidade de obter vantagem competitiva em relação aos seus concorrentes.

1.3.1 Classificação dos serviços

A classificação dos serviços é importante para o *marketing*, pois permite o reconhecimento dos tipos de estratégias que podem funcionar. Existem diferentes formas de classificarmos os serviços. Uma das formas frequentemente utilizadas é a classificação dos serviços pela sua forma de entrega. Nessa perspectiva, os serviços podem ser entregues por equipamentos (máquinas) ou por pessoas, fato que indica o nível de qualidade que está sendo mais considerado.

Segundo Johnston e Clark (2002, p. 33), os serviços podem ser classificados da seguinte forma:

- Serviços "de massa" *versus* serviços "profissionais".
- Serviços prestados a empresas (B2B) ou a consumidores (B2C), ou serviços escolhidos e ativados pelo cliente, como serviços eletrônicos, também chamados de *e-service* (cliente-empresa – C2B).
- Serviços que têm o cliente como foco de entrega, comparados aos que são dirigidos ao equipamento ou à informação.
- Serviços segmentados por setor, como de lazer, financeiros, de hospitalidade, governamentais.

Essas classificações são sempre complementares entre si, podendo ser utilizadas de forma conjunta na montagem da estratégia competitiva suportada pelos serviços. Vejamos, brevemente, cada uma dessas classificações para entendermos o que elas representam e como funcionam.

Serviços "de massa" × serviços customizados

Serviços de massa são aqueles serviços oferecidos em alto volume de transações com clientes por um fornecedor individual, com processos altamente padronizados e dependentes de sistemas de informação. São serviços nos quais as transações com os clientes são rápidas, uma vez que o fornecedor do serviço lida diariamente com milhares de transações. Para Johnston e Clark (2002, p. 35), a característica-chave desse tipo de serviço consiste na

> capacidade desses serviços, que está vinculada ao desenvolvimento de um produto-serviço fortemente controlado e ao desenho dos processos de serviço exigidos para sua entrega. Grande número de pessoas é recrutado com base em especificações restritas para exercer sua parte nesses processos. Frequentemente, recebem treinamento intensivo para exercerem uma atividade especializada, que é uma pequena parte do processo total.

Por outro lado, os serviços customizados são aqueles nos quais o atendimento ao cliente se dá de maneira mais pessoal, personalizada. São serviços que se baseiam na experiência profissional das pessoas que prestam o serviço; por isso, suas habilidades de relacionamento com as pessoas são fundamentais para a qualidade do serviço. Como exemplo de serviços customizados, podemos relacionar os serviços de medicina, odontologia, consultoria, advocacia etc.

Serviços prestados a empresas × serviços a consumidores

Os serviços prestados a empresas são denominados *serviços business to business* (B2B), pois consistem em serviços especificamente realizados entre empresas, apresentando características diferenciadas, uma vez que, em sua maioria, esses serviços são regidos por contratos claramente definidos, nos quais existem acordos de níveis de serviço preestabelecidos.

Os serviços prestados a consumidores são aqueles que são oferecidos por alguma organização e, por isso, são denominados *business to costumer* (B2C), ou seja, são os serviços usualmente encontrados no mercado. Nessa categoria, existem aqueles serviços que podem ser escolhidos, ou ativados, diretamente pelo cliente por meio de interação com equipamentos (por exemplo: máquinas de autovenda) ou de *sites*. Esses serviços eletrônicos "invertem a mão" (o direcionamento do serviço) e, por isso, são denominados *serviços cliente-empresa*, ou *consumer to business* (C2B), porque são os clientes que os acionam e os executam, ao contrário dos *business to costumer*, que são executados pela organização.

Serviços com foco no cliente × serviços focados em equipamento ou informação

Esses serviços são atualmente os mais utilizados nas estratégias das organizações. Os serviços com foco no cliente são aqueles que são prestados de forma individual (na maioria dos casos), como serviços de beleza, de jardinagem etc. Por outro lado, os serviços com foco em equipamento são serviços que quase não dependem de pessoas (como caixas automáticos, lava-rápidos etc.).

Tais serviços são suportados pelo meio de entrega, que determina a qualidade com que os mesmos são prestados aos clientes. Por exemplo: o serviço oferecido por um caixa eletrônico, em um banco, é um serviço totalmente automatizado. Isso exige que os equipamentos apresentem alta confiabilidade e qualidade para que as expectativas dos clientes não sejam frustradas.

Para aqueles serviços baseados em pessoas, é fundamental a qualidade das pessoas que atendem os clientes, uma vez que a interação com esses clientes é total e imediata.

Serviços segmentados por setor

Essa classificação considera o tipo (segmento) de atuação do prestador do serviço. Por exemplo: serviços de lazer (turismo, cinema, teatro, shows musicais etc.); financeiros (como seguros, intermediação em mercado acionário etc.); de hospitalidade (hotéis, hospitais etc.); governamentais (atendimento ao cidadão).

A setorização é importante para que a área de *marketing* das organizações possa realizar a prática de *benchmarking* de forma a estabelecer critérios de avaliação do desempenho de prestação do serviço, de comparação com os concorrentes etc.

Além de compreendermos a classificação dos serviços, é necessário entendermos que todo serviço tem uma determinada composição, que podemos denominar de elementos do serviço. Sobre os elementos do serviço ao cliente é que se discorre na continuação.

1.3.2 Elementos do serviço ao cliente

Na definição de serviço ao cliente/consumidor, podemos inferir quatro elementos importantes que compõem esse serviço:

- **Atividades ou processos**: O aceite, o processamento, o faturamento e a entrega dos serviços.
- **Filosofia empresarial**: As atividades (ou processos) devem ser percebidas como satisfatórias pelo cliente/consumidor, isto é, devem atender a determinadas expectativas que podem ser definidas no ato do pedido ou, ainda, podem estar implícitas no histórico de relacionamento entre as partes.
- **Desempenho**: Os pedidos devem ser atendidos nas condições e quantidades firmadas. Além disso, a qualidade de entrega e o cumprimento de prazos, bem como o *mix* de entrega devem ser cumpridos conforme o preestabelecido no ato do pedido.
- **Sinergia**: Cada uma das partes envolvidas na transação deve estar melhor ao final do processo. Ou seja, cada um dos envolvidos, cliente/consumidor e fornecedor, deve obter ganhos com o processo, em uma típica relação do tipo "ganha-ganha".

Para Razzolini Filho (2006), o serviço ao cliente, em uma visão de processo, envolve inúmeras atividades que podem parecer irrelevantes isoladamente. Porém, no contexto, assumem papel de fundamental importância para a satisfação do cliente. Para muitos consumidores, a rapidez com que suas chamadas são atendidas é mais relevante do que o recebimento de pedidos completos; para outros, o ciclo do pedido é mais significativo; o *lead time* do pedido pode ser mais relevante para outros; e assim sucessivamente. Segundo diferentes autores (Christopher, 1997, p. 31; Ballou, 1993, p. 75; Lambert; Stock; Vantine, 1998, p. 116) o serviço ao cliente é composto por elementos pré-transacionais, transacionais e pós-transacionais, conforme demonstrado no quadro a seguir.

Quadro 1.2 – Elementos do serviço ao cliente × ações requeridas

Elementos	Ações requeridas
Pré-transacionais	
Política de serviço ao cliente formalizada	• Comunicação aos públicos: interno e externo. • Deve ser compreensível, específica e quantificada sempre que possível.
Estrutura organizacional	• Deve existir uma estrutura de gerenciamento do serviço ao cliente. • Deve existir uma metodologia de controle sobre os processos dos serviços.
Flexibilidade no sistema	O sistema de serviços ao cliente deve ser suficientemente flexível para permitir satisfação de necessidades específicas de clientes específicos.
Acessibilidade	Devem existir meios que facilitem o contato para negócios com a empresa (DDG, *e-mail* etc.), preferencialmente em um único ponto centralizador dos contatos.
Serviços técnicos	• Para melhor orientação e esclarecimento dos clientes, visando minimizar possibilidades de erros nas encomendas. • Oferecer treinamento técnico e manuais aos clientes.
Transacionais	
Níveis de estoques	Devem haver estoques suficientes para atender às flutuações de demanda, dentro de padrões preestabelecidos.
Elementos do ciclo de pedido	• Deve haver um limite de tempo predefinido desde o recebimento do pedido até a entrega do produto. • Devem haver níveis de confiabilidade e variabilidade predefinidos.
Taxa de atendimento dos pedidos	Deve haver padrões predefinidos para o atendimento de pedidos dentro dos prazos acordados.
Informações sobre posição de pedidos	• As respostas às perguntas dos clientes sobre o faturamento de seus pedidos devem ser centralizadas em um único local, devendo ser respondidas pronta e rapidamente. • Quando ocorrem problemas no faturamento dos pedidos, os clientes devem ser informados antes de procurarem por informações.
Transportes	Deve-se sempre buscar o meio de transporte mais adequado ao produto, em termos de rapidez, segurança e qualidade de atendimento.

(continua)

(Quadro 1.2 – conclusão)

Pós-transacionais	
Disponibilidade de reposição	O cliente deve ter a segurança de que, ocorrendo algum problema com o produto adquirido, este será reposto com rapidez e eficiência.
Rastreamento de produto	O fornecedor deve ter condições de saber a localização exata de cada produto vendido para, no caso de surgir algum problema, agir imediatamente.
Garantias/Reparos	• O fornecedor deve apresentar níveis de garantia que atendam às expectativas dos clientes. • Havendo necessidade de reparos, o cliente deve sentir a segurança de que os mesmos serão executados prontamente.
Atendimento a queixas e reclamações	Deve existir uma política de atendimento na qual a rapidez de resposta seja uma das prioridades e, ainda, que conte formas de mensurar a satisfação dos clientes com a solução às queixas e reclamações.
Embalagem	O adequado acondicionamento dos produtos transmite sensação de segurança e confiança aos clientes.
Tempo de atendimento de chamadas	Quando o cliente solicita uma visita, por qualquer motivo, a resposta deve ser rápida. O tempo de atendimento deve ser mensurado.

Fonte: Adaptado de Christopher, 1997, p. 31.

Ainda segundo Razzolini Filho (2006), os elementos pré-transacionais são o ponto de partida no relacionamento cliente-fornecedor, devendo usualmente estar definidos por escrito e ser comunicados a todos os envolvidos no processo. Tais elementos devem proporcionar uma política para o nível de serviço que pode ser esperado pelo cliente.

Os elementos da transação são os que implicam diretamente nos resultados que podemos esperar com a entrega dos produtos ao cliente. Tais elementos são os que mais influenciam na questão de tempo e espaço, que o cliente mais observa, devendo ser tratados como prioritários por todos os envolvidos no processo.

Questão para reflexão

Os elementos do serviço podem ser utilizados para avaliar a qualidade dos serviços?

Os elementos pós-transacionais são aqueles que incluem todos os serviços necessários para apoiar o produto e o trabalho do fornecedor no campo, para oferecer garantias de segurança aos clientes, de forma que o relacionamento cliente-fornecedor seja estável e duradouro.

1.4 Outras considerações relevantes sobre serviços

Além de tudo o que foi visto até aqui, precisamos destacar que os serviços apresentam outros aspectos relacionados que também são importantes, tais como: demanda de serviço; meta de serviço; nível de serviço; qualidade do serviço. Vejamos o significado de cada um desses aspectos, de acordo com Acosta e Suárez (2001).

- **Demanda de serviço**: Deve ser compreendida como as características desejadas pelo cliente em relação ao serviço que demandam a sua disposição e possibilidade de pagar por tais características. Por isso, a organização precisa analisar aquilo que o cliente deseja receber como serviço e, ainda, verificar se ele está disposto a pagar por ele.
- **Meta de serviço**: São os valores e características relevantes fixados como objetivo para o conjunto de parâmetros que caracterizam o serviço que o provedor oferece a seus clientes. A meta pode ser fixada como única para todos os consumidores, diferenciada por tipo de cliente ou acordada cliente a cliente.
- **Nível de serviço**: Embora já tenhamos visto o conceito de nível de serviço, nesse caso, devemos entender nível de serviço como o grau em que se cumpre a meta de serviço estabelecida.
- **Qualidade do serviço**: Devido à sua intangibilidade e à sua individualização, mensurar a qualidade dos serviços demonstra ser, na maioria dos casos, uma tarefa de difícil realização. Porém, os clientes consideram os serviços sempre sob algumas perspectivas que são relevantes: o grau de tangibilização que os serviços recebem (o uso de equipamentos de apoio pelo professor na sala de aula, por exemplo); a confiabilidade demonstrada pelo prestador de serviço; a garantia oferecida; a empatia demonstrada

pelo prestador, entre outros aspectos que serão utilizados pelo cliente para mensurar a qualidade do serviço que recebe.

Quando a organização compreende o conceito de serviço, suas características, suas classificações, seus elementos constitutivos e as demais considerações aqui comentadas, a empresa está em condições de elaborar estratégias para os serviços que pretende oferecer, conforme veremos a seguir.

1.5 Estratégias em serviços

As organizações precisam definir de forma clara estratégias para a oferta de serviços aos seus clientes, uma vez que o objetivo dos serviços deve ser sempre permitir que a gerência de serviços consiga identificar oportunidades para agregar valor aos clientes. Em essência, podemos afirmar que uma estratégia bem pensada para os serviços da organização deve buscar a satisfação dos clientes. Mas o que é satisfação do cliente?

Segundo Desatnick e Detzel (1995, p. 8), a satisfação do cliente pode ser entendida como

> o grau de felicidade experimentada por ele. Ela é produzida por toda uma organização – por todos os departamentos, todas as funções e todas as pessoas. Entre os clientes se incluem compradores externos de bens e serviços da organização, fornecedores, a comunidade local, funcionários, gerentes e supervisores (e acionistas, se a organização for de capital aberto).

Não podemos esquecer que o cliente satisfeito é sinônimo do cliente que teve suas expectativas atendidas ou superadas pelo serviço ofertado pela organização. Podemos definir a década de 1990 como a década do serviço ao cliente, uma vez que, a partir daí, os sistemas produtivos se tornaram mais flexíveis, com menor custo operacional, mesmo para lotes de produção menores, permitindo atendimento customizado aos clientes. Tal fato foi decorrência da percepção de que os clientes apresentam necessidades diferentes e individualizadas.

A década com foco no serviço fez com que o século XXI se iniciasse sob a égide do serviço ao cliente concentrado na competitividade organizacional, uma vez que produtos dissociados de serviços passaram a não representar muito para os clientes. Assim, a questão-chave para a competitividade passou a ser um correto entendimento das necessidades, desejos e/ou expectativas dos clientes. A perspectiva deixou de se focar na distribuição daquilo que a organização produz e passou a uma perspectiva de distribuir aquilo que o cliente realmente necessita (e se dispõe a pagar por isso). Esse aspecto exigiu das organizações a implementação de uma verdadeira **filosofia de serviço**.

Questão para reflexão

Você acredita que sem uma filosofia de serviço seja possível implementar estratégias de serviços que sejam realmente competitivas? Por quê?

Mas, o que é filosofia de serviço? Ela pode ser entendida como a base para a estratégia de serviço, implicando três aspectos fundamentais: atitude, organização e responsabilidade. Inicialmente, é preciso que a organização adote uma atitude de serviço, o que significa que existe uma verdadeira preocupação, permeando a organização, com o serviço ao cliente. Em segundo lugar, é necessário organizar uma estrutura adequada para suportar a prestação de serviços demandada pelos clientes. Por fim, é fundamental que existam responsabilidades claramente estabelecidas para o atendimento dos consumidores, para a prestação de serviços e para o acompanhamento dos pontos nos quais ocorrerem falhas, de forma que o cliente seja prontamente atendido.

Quando a organização possui uma filosofia de serviço, podemos identificar os elementos necessários para elaborarmos uma estratégia de serviço, conforme veremos na sequência.

1.5.1 Elementos da estratégia em serviços

Três são os elementos principais a serem considerados em uma estratégia de serviços: o cliente, a concorrência, os padrões, os costumes e as possibilidades dos clientes. Vejamos cada um desses elementos e outros que também devem ser considerados, de acordo com Acosta e Suárez (2001).

- **Cliente**: Precisamos saber corretamente **quem** é o cliente, **quais** suas necessidades e desejos, **quais** expectativas ele pode apresentar e como a organização pode atendê-lo da melhor maneira possível. Para conhecer profundamente seus clientes, a organização precisa contar com um excelente sistema de informações de *marketing* (SIM), para acompanhar passo a passo o comportamento dos clientes, de forma a se manter sempre atualizada em relação ao **comportamento** do cliente.
- **Concorrência**: Não basta a organização conhecer profundamente a si própria. Ela precisa conhecer de forma igualmente profunda sua concorrência, para que a organização possa antecipar-se às suas ações, à sua forma de pensar e de agir no mercado. A lógica subjacente a esse conhecimento é possibilitar à organização proatividade em relação à concorrência, preferencialmente antecipando-se sempre às suas ações e/ou reações.
- **Padrões, costumes e possibilidades**: É necessário analisar os padrões comportamentais dos clientes, de seus costumes em relação ao(s) produto(s) da organização e das possibilidades do cliente de pagar pelos serviços que receber, bem como as possibilidades da organização de atender às demandas de serviços dos clientes. Para analisar os padrões comportamentais e conhecer os costumes dos clientes, é necessário usar os recursos da tecnologia da informação (*software* de *Data Mining*), de forma a garantir que a organização realmente entenda o comportamento do cliente.

Além desses três elementos essenciais, existem outros a serem considerados. São aspectos muito importantes, podendo ser assim relacionados:

- **Segmentos do mercado**: É necessário determinar a qual (ou quais) segmento de mercado a organização pretende atender.
- **Estágio do produto no ciclo de vida**: A organização precisa identificar se o produto se encontra na fase de lançamento, crescimento, maturidade ou declínio do seu ciclo de vida, uma vez que em cada estágio os serviços podem ser diferenciados.

- **Evolução da concorrência**: A empresa precisa identificar como a concorrência está se comportando no mercado e a evolução de sua participação no mercado (*share*).
- **Evolução das necessidades do cliente**: A organização também precisa se conscientizar de que as necessidades do cliente não são estacionárias. Pelo contrário, as necessidades são dinâmicas e, portanto, necessitam de dinamismo na oferta de serviços para serem satisfeitas.

Esses elementos do serviço ao cliente vão determinar aquilo que podemos denominar de *componentes do serviço*, conforme veremos na continuação.

Componentes do serviço ao cliente

Uma vez determinados os elementos do serviço ao cliente, precisamos estabelecer os componentes permanentes desses elementos, que, segundo diferentes autores, como Christopher (1997), Gaither e Frazier (2001), Slack; Chambers e Johnston (2002), podem ser relacionados da seguinte forma:

- **Qualidade do produto**: Entendida como a qualidade intrínseca ao produto (aquela que se agrega ao produto no seu processo de fabricação).
- **Variedade (*mix*) de produtos**: Não basta oferecer um único produto ao cliente, uma vez que ele pode desejar opções de escolha (por exemplo: uma caneta nas cores azul, preta, vermelha e verde).
- **Características do produto**: Entendidas como todos aqueles aspectos físicos inerentes ao produto e que o descrevem (por exemplo: cor, tamanho, cheiro).
- **Confiabilidade do produto**: O cliente deseja saber se o produto apresenta as características esperadas no que diz respeito ao seu funcionamento (por exemplo: um computador com bateria para durar 4 horas deve durar exatamente esse período de tempo; caso isso não aconteça, o produto não tem confiabilidade).
- **Serviços pós-venda**: Sobretudo para os bens duráveis (por exemplo: eletrodomésticos), é necessário assegurar ao cliente que ele

contará com assistência técnica, garantia e, ainda, com outros serviços adicionais (como os SAC, por exemplo).

❖ **Custo**: Como visto sobre a demanda de serviço, é necessário que o cliente tenha disposição e disponibilidade em pagar pelo serviço oferecido. Assim, o custo do serviço deve atender à demanda do cliente.

❖ **Disponibilidade**: Ninguém aprecia serviços que somente estejam disponíveis casualmente ou que sejam difíceis de serem acessados. Assim, é necessário que o serviço esteja disponível sempre que o cliente dele necessitar.

❖ **Tempo de resposta**: Um dos grandes desafios dos serviços aos clientes é garantir rapidez de resposta. Assim, é necessário adotar mecanismos de *empowerment*[2] para garantir que a pessoa mais próxima do cliente tenha condições de responder às suas dúvidas ou atender às suas demandas (você já foi transferido de uma pessoa para outra dentro de uma organização? Se já foi, sabe a que nos referimos...).

❖ **Tempo de entrega**: Quando compramos algo, esperamos que o fornecedor cumpra com o prazo de entrega prometido. Assim, na definição da estratégia de serviços, é necessário considerar um tempo de entrega que seja passível de satisfazer às necessidades do cliente e, ao mesmo tempo, satisfazer as necessidades de reduções de custos da organização;

❖ **Atitude**: Sem que todas as pessoas envolvidas no serviço ao cliente estejam comprometidas com a filosofia de serviço, não será possível cumprir com a estratégia de serviços definida. Assim, é necessário desenvolver atitudes proativas em todas as pessoas da organização, de forma que todos (sem exceção) tenham um compromisso claro com o serviço ao cliente. Se as pessoas que têm contato com os clientes não estiverem comprometidas "com as metas e objetivos da organização, ela não terá nada especial para oferecer" (Johnston; Clark, 2002, p. 478).

Uma vez atribuídos os elementos do serviço, com seus respectivos componentes, precisamos ofertar o serviço aos clientes e, então, mensurar o nível de satisfação dos clientes com esses serviços. O objetivo dessa

---

[2] *Empowerment* significa conferir poder a quem esteja mais próximo de determinada situação para diminuir o tempo de resolução de problemas, reclamações etc.

avaliação do desempenho dos serviços é assegurar suas continuidade de oferta e, ainda, possibilitar melhorias contínuas.

Mensurando o nível de serviço

Mensurar o nível de serviço significa avaliar o desempenho da estratégia definida para o atendimento aos clientes. Assim, precisamos compreender que a avaliação de desempenho visa possibilitar um adequado gerenciamento dos serviços, uma vez que não é possível gerenciar o que não se pode avaliar.

Para avaliarmos desempenho, precisamos estabelecer alguns parâmetros quantitativos que nos permitam medir o desempenho, de forma que possamos corrigir os eventuais desvios verificados entre o serviço que foi efetivamente prestado ao cliente e aquele que foi definido na estratégia de serviços da organização.

Algumas formas de medirmos o desempenho do nível de serviço estão refletidas nos indicadores relacionados no quadro a seguir.

Quadro 1.3 – Variáveis a utilizar para mensurar o nível de serviço

Elemento a avaliar	Forma de mensurar
Duração do ciclo pedido – entrega	Tempo que demora desde o momento do pedido do cliente até o momento da entrega (número de dias).
Variação da duração do ciclo pedido-entrega	Variação de tempo verificada no tempo de duração do ciclo pedido-entrega (número de dias).
Disponibilidade do produto	Número de faltas de produtos para atendimento aos clientes.
Atuação sem erros	Número de erros cometidos por períodos de tempo.
Tempo de entrega	Em horas, dias, semanas etc.
Pedidos completos (*mix* e quantidade)	Número de pedidos entregues sem faltas e nas quantidades solicitadas.
Tempo de resposta a reclamações	Número de horas gastas para responder a uma reclamação de cliente.
Devoluções de sobras e produtos defeituosos	Número de devoluções de sobras e/ou pedidos defeituosos por período de tempo.
Informação sobre a situação do pedido	Tempo para fornecer a informação.
Reclamações de clientes	Número de reclamações/total de atendimentos.

(continua)

(Quadro 1.3 – conclusão)

Elemento a avaliar	Forma de mensurar
Respostas às contingências	Tempo gasto para responder às situações inesperadas.
Serviço de pós-venda	Número de clientes que usam o serviço.
Serviços de garantia	Número de clientes que usam o serviço.

Fonte: Adaptado de Acosta; Suárez, 2001.

É importante frisar que o indicador *serviços de garantia* pode demonstrar problemas com qualidade do produto (caso o número de clientes utilizando os serviços de garantia seja muito elevado). Além disso, a organização deve estabelecer uma estratégia de serviços que possa oferecer flexibilidade diante de situações inesperadas (entendendo-se flexibilidade como a capacidade de adaptação à situações inesperadas).

Quando temos claramente quais os elementos que devem ser considerados no desenho da estratégia, é fácil identificarmos os princípios a serem seguidos na definição desta, conforme veremos a seguir.

Questão para reflexão

Você concorda com a afirmativa de que não se consegue gerenciar aquilo que não se consegue mensurar? Por quê?

1.5.2 Princípios e passos para a estratégia de serviço ao cliente

Após a definição dos elementos da estratégia do serviço ao cliente e dos seus componentes, precisamos estabelecer alguns princípios a serem seguidos na elaboração da estratégia. Tais princípios podem ser relacionados da seguinte forma:

- **Diferenciação do serviço**: A organização deve buscar fornecer serviços diferentes daqueles oferecidos pelos demais competidores no mercado.
- **Competitividade**: Se o serviço a ser ofertado não for competitivo, não deve ser considerado estratégico. Para ser estratégico, o

serviço deve ser competitivo, difícil de ser imitado pela concorrência e, ainda, representar alguma vantagem à organização.
- **Racionalidade**: O serviço deve ser ofertado na medida da demanda do cliente, nem mais, nem menos. Se ultrapassar a demanda do cliente, o serviço poderá agregar custos pelos quais o cliente não irá se dispor a pagar, raciocínio válido também para o caso de o serviço estar abaixo da expectativa do consumidor. Portanto, o serviço deve ser racional (bom para o cliente e para a organização).
- **Satisfação do cliente**: O objetivo maior de qualquer serviço deve ser sempre satisfazer o cliente (de preferência encantando-o).
- **Transparência da meta de serviço**: As metas estabelecidas para o serviço devem ser conhecidas por todos os envolvidos – funcionários e clientes – de forma que todos saibam exatamente o que esperar do serviço.
- **Personalização**: Com os atuais recursos oferecidos pela tecnologia da informação e pelos sistemas produtivos, podemos oferecer produtos e serviços na medida desejada pelos clientes, personalizando os serviços (e produtos) de forma até mesmo individual, se necessário.

Uma vez respeitados os princípios relacionados anteriormente, podemos definir a estratégia de serviço ao cliente e, para tanto, alguns passos devem ser seguidos.

Usualmente, em termos de mercado, uma estratégia é vista como um plano de uma organização para gerar vantagens em relação a seus concorrentes. A organização pode às vezes desejar apenas manter sua posição no mercado ou, ainda, em situações não competitivas, desejar apenas garantir que "estão preparadas para se adaptarem a seus ambientes mutantes" (Johnston; Clark, 2002, p. 479).

Questão para reflexão

Uma estratégia de serviços que vise apenas manter a posição da organização no mercado é interessante para uma empresa líder em seu segmento? Por quê?

Portanto, diante dessas considerações, podemos conceituar estratégia como sendo o conjunto de etapas ou partes que compõem um plano. Ou, ainda, "estratégia é o planejamento sistemático das ações que devem ser executadas, visando o auxílio ao atingimento de um ou mais objetivos" (Razzolini Filho; Zarpelon, 2005, p. 73).

As estratégias de serviços envolvem várias etapas que integram o plano, como podemos perceber pelo que apresentamos até este ponto. Além de tudo o que vimos até aqui, é necessário seguirmos algumas etapas importantes para o desenho da estratégia a ser adotada pela organização, conforme percebemos na figura a seguir.

Figura 1.1 – Passos para desenhar o serviço ao cliente

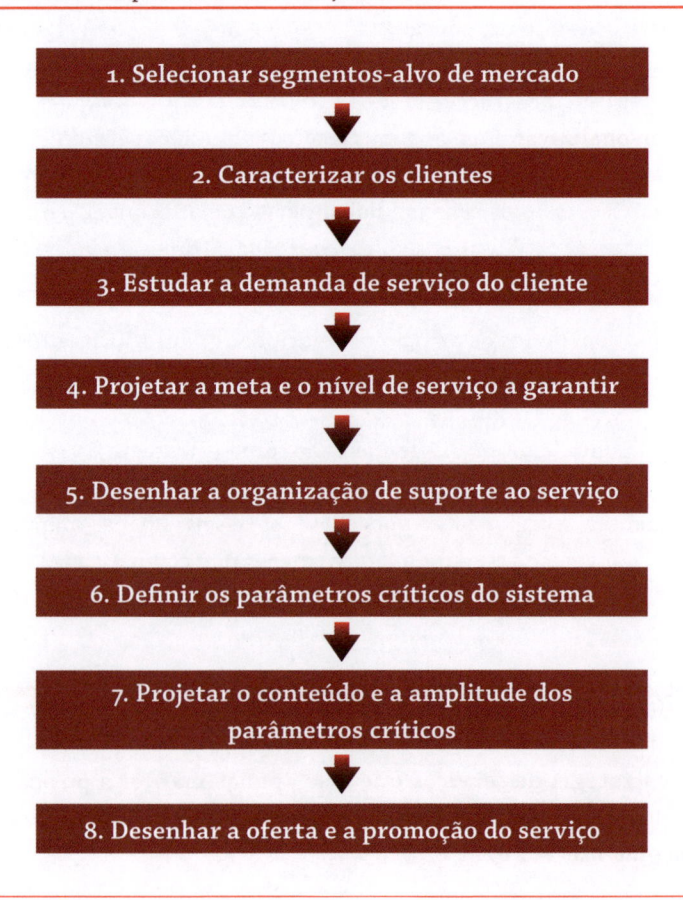

1. Selecionar segmentos-alvo de mercado
2. Caracterizar os clientes
3. Estudar a demanda de serviço do cliente
4. Projetar a meta e o nível de serviço a garantir
5. Desenhar a organização de suporte ao serviço
6. Definir os parâmetros críticos do sistema
7. Projetar o conteúdo e a amplitude dos parâmetros críticos
8. Desenhar a oferta e a promoção do serviço

Fonte: Adaptada de Acosta; Suárez, 2001.

Como a figura anteriormente demonstrada nos permite perceber, o primeiro passo consiste em selecionarmos segmentos-alvo do mercado, ou seja, escolhermos aqueles segmentos que a organização pretende atingir de maneira mais efetiva com sua política de serviços.

Em seguida, precisamos caracterizar adequadamente os clientes dos serviços para atingirmos o terceiro passo, que consiste em estudar a demanda de serviço dos clientes. A partir do momento que selecionarmos os segmentos-alvo, conheçermos bem os clientes e a sua demanda de serviço, podemos partir para o quarto passo, que consiste em projetar a meta e o nível de serviço que pretendemos atingir.

Uma vez projetados a meta e o nível de serviço a ser atingido, precisamos definir a organização para suportar o serviço, projetando elementos como a estrutura de atendimento (SAC, por exemplo), a assistência técnica, a garantia etc. Nesse momento, para garantirmos que os objetivos serão atingidos, precisamos definir os parâmetros críticos do sistema, ou seja, aqueles pontos em que não podem ocorrer falhas, pois, caso contrário, a demanda dos clientes será frustrada.

Definidos os parâmetros críticos, damos prosseguimento ao sétimo passo, que consiste na projeção do conteúdo e na amplitude dos parâmetros críticos do serviço, de forma a assegurarmos que todos tenham clareza de quais são esses parâmetros, seus impactos e repercussões. Por fim, seguidos todos os passos anteriores, chegamos ao oitavo passo: o desenho da oferta e da promoção do serviço. Precisamos definir como o serviço será ofertado ao cliente e, ainda, de que maneira ele deverá ser promovido (qual a estratégia de comunicação de *marketing* necessária).

Síntese

Este capítulo teve o objetivo de apresentar os conceitos essenciais ao gerenciamento de serviços, posto que os serviços agregam valor aos produtos.

Entendemos que serviço é um ato ou um conjunto de atos, uma atividade ou conjunto de atividades, mais ou menos intangível, nos quais ocorrem interações, oferecidas como soluções para eventuais necessidades do cliente entre os clientes e os prestadores dos serviços. Discorremos sobre o papel dos serviços na economia, caracterizando-os a partir de sua classificação e da apresentação dos elementos que compõem o serviço ao cliente.

Os clientes cada vez querem maior valor agregado aos produtos que compram. Assim, a alternativa é adicionar serviço aos produtos, de forma que os clientes prefiram os produtos da organização em relação aos da concorrência. É necessário identificarmos a real demanda de serviço que os clientes apresentam. Caracterizamos o nível de serviço como o grau de atingimento de uma meta estabelecida (para permitir avaliar o desempenho do serviço oferecido), e como a qualidade do serviço a ser prestado aos clientes (mesmo que qualidade seja algo difícil de definirmos e de mensurar).

Aprendemos que as organizações devem desenvolver uma filosofia de serviço, como base para a estratégia de serviço. Isso significa que a organização deve adotar uma atitude na qual o serviço ao cliente seja uma preocupação que permeia toda (e todos) a organização. Além disso, significa que é necessário uma estrutura que suporte adequadamente a prestação de serviços à qual a organização se propõe, além de responsabilidades claramente definidas para atendermos ao cliente e, ainda, significa possibilitarmos o estabelecimento de um sistema de avaliação de desempenho para mensurarmos o nível de serviço que a organização oferece.

Evoluindo no capítulo, observamos os componentes do serviço, que não podem ser desconsiderados no desenho da estratégia, como: a qualidade do produto; o *mix* de produtos e de serviços; as características do produto e do serviço; a confiabilidade tanto do produto quanto do serviço; os serviços pós-venda; o custo (do serviço e do produto); a disponibilidade (ou facilidade de acesso ao serviço e/ou produto); o tempo de resposta que oferecemos ao cliente; o prazo de entrega e, ainda, a atitude que deve acompanhar todos os membros da organização em relação ao serviço.

Entendemos que uma estratégia de serviço deve incorporar um sistema de mensuração do desempenho do serviço que se oferece para avaliar o grau de satisfação dos clientes em relação aos serviços da organização.

Estudamos alguns princípios essenciais que devem se integrar à estratégia de serviço da organização, quais sejam: a diferenciação; a competitividade a ser obtida pelo serviço e a racionalidade desejadas para ele; a satisfação do cliente; a transparência da meta de serviço; e a necessária customização dos serviços. Essa customização pode ser oferecida para grupos de clientes (segmentos homogêneos), alguns clientes ou, finalmente, para clientes individualmente.

Finalizando o capítulo, aprendemos que existem oito passos a serem seguidos pelas organizações no desenho do serviço ao cliente (que são a síntese da estratégia de serviços), conforme segue: selecionar segmentos-alvo de mercado a serem atingidos pela estratégia de serviço; caracterizar adequadamente os clientes a serem atendidos; estudar a demanda de serviço desses clientes; fazer a projeção da meta e do nível de serviço que deverá ser garantido aos clientes; desenhar a estrutura da organização que suportará o serviço; definir os parâmetros críticos do sistema; projetar o conteúdo e a amplitude desses parâmetros críticos; e, desenhar a oferta e a promoção do serviço.

Ao compreendermos essas questões, temos condição de elaborar uma estratégia que seja competitiva, que agregue valor aos clientes e, pelos resultados que vier a proporcionar, à organização.

Questões para revisão

1» Como você diferenciaria serviço de serviço ao cliente/consumidor?
2» Qual o principal fator para o crescimento do setor de serviços na economia?
3» Como podemos dividir os elementos do serviço?
4» Diferencie demanda, meta e nível de serviço.
5» Qual a razão para se definir uma estratégia de serviços?

Para saber mais

ADMINISTRADORES.COM.BR. **Serviço ao cliente ou inovação dos produtos?** Disponível em: <http://www.administradores.com.br/noticias/servico_ao_cliente_ou_inovacao_dos_produtos/11982/>. Acesso em: 10 dez. 2009.

> Trata-se de um excelente artigo que provoca uma discussão interessante sobre a oferta de serviços × a inovação dos produtos. Vale a pena conferir.

CRISE E DINHEIRO. **7 dicas para criar um serviço ao cliente**. Disponível em: <http://www.criseedinheiro.com/2009/02/7-dicas-para-criar-um-servico-ao-cliente/>. Acesso em: 6 dez. 2009.

Trata-se de um artigo postado em *blog* português que apresenta algumas dicas interessantes sobre o momento de se criar um serviço ao cliente.

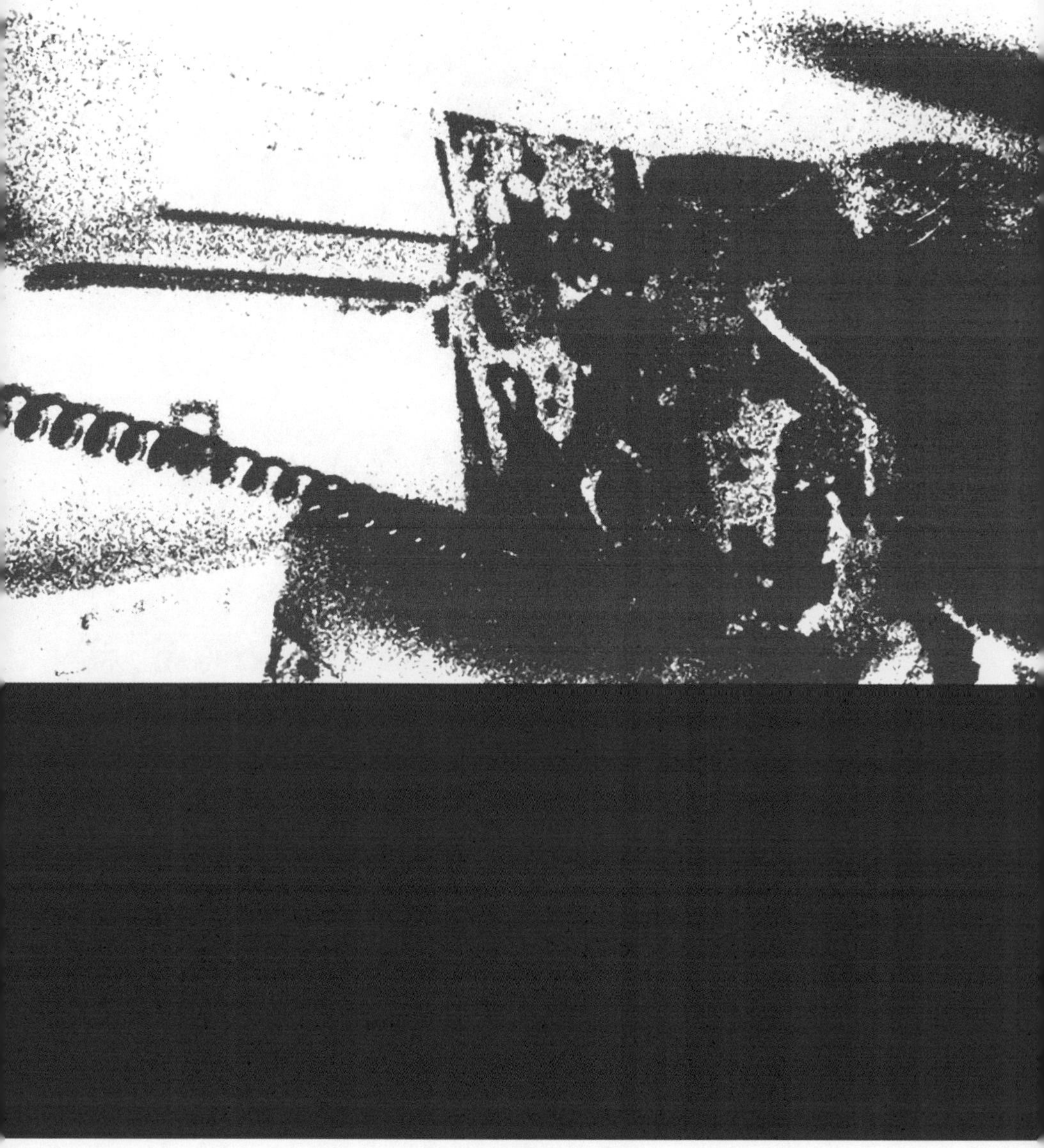

2 Gerência de serviços

Conteúdos do capítulo:

- conceito de gerência de serviços;
- fornecimento de serviços;
- relações de fornecimento de serviços;
- gestão da informação no fornecimento de serviços;
- gerenciamento de filas em operações de serviços;
- compras de serviços e decisões de compras de serviços;
- atividades e estrutura funcional da área de serviços.

Após o estudo deste capítulo, você será capaz de:

- caracterizar uma gerência de serviços;
- entender o processo de fornecimento de serviços;
- gerenciar relações no processo de fornecimento de serviços;
- compreender o papel das informações no fornecimento de serviços;
- gerenciar filas nas operações de serviços;
- compreender o processo de compras de serviços;
- reconhecer as decisões de compras de serviços;
- organizar uma gerência de serviços.

O principal objetivo do *marketing* deve ser conquistar clientes. Porém, como conquistamos um cliente? Um cliente é conquistado à medida que identificamos corretamente suas necessidades e desejos e, partir daí, desenvolvemos um produto que satisfaça essas necessidades e desejos identificados pelo *marketing*.

Um produto nunca existe isoladamente; ele sempre será acompanhado de elementos intangíveis, elementos que chamamos de *serviços*, que se agregam a ele, adicionando valor. Assim, podemos dizer que a missão de uma gerência de serviços deve ser fornecer os meios através dos quais as necessidades e/ou desejos do cliente sejam atendidos. Portanto, é possível concluirmos que a finalidade principal de qualquer gerência de serviços é a satisfação dos clientes.

O grande objetivo da gerência de serviços deve ser o de estabelecer uma rede de serviços que una as pessoas em todos os níveis da organização, de forma direta ou indireta, ao mercado. Se todas as pessoas da organização não estiverem envolvidas direta ou indiretamente com os clientes, não existirá possibilidade de se obter diferenciais competitivos significativos e duradouros.

O gerenciamento dessa rede de serviços ao cliente ao longo da organização, e daí por diante através da distribuição e dos intermediários, é a preocupação principal que se reflete no gerenciamento dos serviços.

Ocorre que, na atualidade, diminuiu de forma significativa o poder da marca como elemento para conquistar e manter clientes. Na verdade, verificamos um momento de profunda infidelidade do cliente/consumidor em relação à marca. Os clientes/consumidores estão cada vez mais dispostos a aceitar produtos substitutos, a experimentar novos produtos disponíveis no mercado; até mesmo as diferenças tecnológicas foram reduzidas (quando não eliminadas), de tal forma que ficou ainda mais difícil manter uma posição competitiva por meio do próprio produto.

Diante desse novo quadro, é o serviço oferecido ao cliente/consumidor que pode estabelecer o diferencial entre a oferta de uma organização e a de seus concorrentes. O livro *In search for excellence*, escrito por Tom Peter e Robert Waterman Junior (1991), um dos livros de gerência mais vendidos em anos recentes, alertou os gerentes e as demais pessoas que o leram para a simples verdade de que são os clientes que geram vendas e, ainda, que as empresas que obtêm o maior sucesso no mercado são exatamente aquelas capazes de conquistar e conservar o maior número de clientes ao longo do tempo.

Atualmente, tanto clientes/consumidores quanto os compradores industriais esperam níveis de serviços mais elevados dos seus fornecedores, à medida que um número cada vez maior de fabricantes adota sistemas produtivos *just in time*; o comércio eletrônico começa a oferecer aos clientes/consumidores a possibilidade de customizarem os seus produtos e de definirem o prazo de entrega, entre outras condições do serviço prestado. Isso significa maior exigência de serviços agregados aos produtos e, como resultado, maior esforço por parte das organizações em prover esse serviço aos clientes.

Questão para reflexão

O comércio eletrônico B2C ou B2B realmente possibilita aos clientes customizarem seus produtos/serviços? Justifique sua resposta.

Oferecer esse conjunto de atributos, vasto e complexo, que se faz necessário para o sucesso organizacional, é uma tarefa que exige empenho e dedicação por parte da organização. Assim, é essencial contarmos com profissionais competentes que se dediquem a gerenciar esse processo. Essa é a essência do gerenciamento dos serviços.

Mas, o que é um gerente? O que ele faz?

Essencialmente, gerenciar é pensar sobre o que deve ser feito em um dado processo, tomar a decisão e agir. O gerente, portanto, reflete sobre o que precisa ser feito, toma decisões e age no sentido de executar aquilo que precisa ser feito. O gerente faz acontecer, obtendo os resultados desejados pela organização. "A gerência é o processo executado pelas pessoas, que através de seus componentes, como políticas e estratégias, compõem de maneira abrangente a gestão" (Razzolini Filho; Zarpelon, 2005, p. 89).

Portanto, diante desse quadro, o papel da gerência de serviços é agregar valor aos produtos por meio do serviço oferecido a cada conjunto de clientes ou clientes individuais (pela customização dos serviços). É o gerente de serviços que deve pensar sobre os serviços que serão oferecidos aos clientes, tomar as decisões para implantar as estratégias pensadas pela organização como um todo, agir no sentido de torná-las realidade, motivar as pessoas da organização e obter os resultados desejados.

> O gerente de serviços é o responsável por executar (com as pessoas) o conjunto de ações e estratégias relacionadas aos serviços, sempre com visão sistêmica, visando atingir os objetivos estabelecidos.

Não podemos esquecer que é o nível de serviço ofertado pelas organizações que gerará a diferenciação competitiva tão importante e necessária para sustentar a competitividade no longo prazo. Portanto, as atitudes desenvolvidas e transmitidas pela gerência "são críticas, tanto para o direcionamento da empresa como para as atitudes dos seus funcionários" (Desatnick; Detzel, 1995, p. 17). Ou seja, cabe ao gerente de serviços desenvolver e manter uma atitude de compromisso com o cliente, garantindo um serviço de qualidade, de alto desempenho, motivando os funcionários em direção, em uma visão focada, ao serviço ao cliente.

Quando falamos em *gerência de serviços*, é difícil não superestimarmos a importância do gerente e de suas atitudes, pois suas atitudes e a forma como transmite tais atitudes à sua equipe são componentes críticos do gerenciamento de serviços, que começa no fornecimento, passando pela forma como acontecem as relações nesse fornecimento e pelo gerenciamento de filas nas operações de serviços, por exemplo.

Assim, neste capítulo, vamos ver como ocorre o processo de gerenciamento do fornecimento de serviços, das relações implícitas no processo, como o gerente procede em relação às filas, como ocorre o processo de compras de serviços e as decisões dos clientes e, ainda, como se estrutura a área de serviços para suportar seu funcionamento.

2.1 O FORNECIMENTO DE SERVIÇOS

A palavra *fornecer* nos dá a ideia de algo que é disponibilizado para alguém que necessita desse algo. Essa disponibilização significa que precisamos criar meios para fazermos com que o serviço chegue até o cliente. Assim, o fornecimento de serviços implica a análise da necessidade (demanda) do serviço e na criação mecanismos para oferecermos os serviços que satisfaçam as necessidades dos clientes (canais de distribuição). Para compreendermos melhor essa questão, é conveniente lembrarmos que o *marketing* de serviços é um conjunto de atividades que visam analisar, planejar, implementar e controlar programas com o objetivo de servir à demanda por serviços de forma adequada. Isso significa que precisamos atender às necessidades e/ou desejos dos clientes de forma satisfatória, com qualidade e, ainda, gerando a necessária lucratividade à organização.

O fornecimento de serviços implica a existência de ligações entre fornecedores e clientes (ou usuários) internos e externos. A essas ligações podemos denominar de *rede de fornecimento*, uma vez que existem diferentes elos de interligação nesse processo de fornecermos um serviço, que caracterizam o desenho de uma rede. Isso implica a resposta à questão: Como distribuir os serviços da organização?

A resposta a essa pergunta se dá pelo desenho de canais de distribuição. Um canal de distribuição pode ser entendido como a estrutura através da qual o serviço flui em direção ao cliente ou usuário do serviço. Para desenharmos tal estrutura, é necessário considerarmos de que forma obteremos maior eficiência na distribuição. Em função da valorização do serviço pelo cliente ou usuário é que se determinará o canal. Assim, se o cliente valorizar de maneira bastante satisfatória o serviço, ele poderá deslocar-se até a organização para receber o serviço; em outros casos, a organização prestadora do serviço é que se deslocará até o cliente ou usuário; e, ainda, existe a possibilidade de o serviço ser acessado a distância (como um curso de educação a distância – EaD, por exemplo).

Essas possibilidades estão representadas no quadro a seguir, no qual é possível percebermos as diferentes possibilidades e alguns exemplos da distribuição dos serviços.

Quadro 2.1 – Formas de distribuição de serviços

Como ocorre a distribuição	Exemplos de serviços
Cliente vai à organização	❖ cinema; ❖ cabeleireiro; ❖ agência lotérica; ❖ supermercados.
Ativação a distância	❖ cursos pela internet; ❖ banco *online*; ❖ programa de televisão.
A organização vai ao cliente	❖ serviços de táxi; ❖ serviços de jardinagem; ❖ serviços de encanador.

Essas possibilidades permitem perceber que, de alguma forma, é necessário criarmos uma rede para estabelecermos elos que liguem o prestador de serviços ao cliente. Por exemplo: um cineasta produz e dirige um filme para uma companhia cinematográfica, que precisará de salas de exibição para que os clientes possam assistir ao filme. Assim, teríamos a seguinte configuração para o fornecimento do serviço:

Figura 2.1 – Exemplo de canal para distribuição de filmes no qual o cliente vai até o prestador de serviços

Cineasta (fornecedor) ➡ Cia. cinematográfica ➡ Salas de exibição ➡ Pessoas (clientes)

Outra possibilidade é a companhia cinematográfica gravar o filme em discos digitais (DVD) e vender para empresas que alugarão o filme para os clientes (videolocadoras), realizando as entregas diretamente em suas casas, gerando a seguinte configuração:

Figura 2.2 – Exemplo de canal para distribuição de filmes no qual o prestador de serviços vai até o cliente

Cineasta (fornecedor) → Cia. cinematográfica → Videolocadoras → Pessoas (clientes)

Os dois exemplos nos permitem perceber uma estrutura de distribuição, uma rede de organizações que trabalham em conjunto com um mesmo objetivo: permitir que o cliente assista ao filme que desejar (e pelo qual está disposto a pagar).

Uma terceira possibilidade seria a companhia cinematográfica disponibilizar o filme para que o cliente pudesse fazer um *download*. Com isso, configuramos um canal no qual o acesso ocorre a distância, da seguinte forma:

Figura 2.3 – Exemplo de canal para distribuição de filmes acessados a distância

Cineasta (fornecedor) → Cia. cinematográfica → Internet → Pessoas (clientes)

Como podemos perceber, o objetivo continua sendo sempre o mesmo: disponibilizar entretenimento ao cliente que gosta de assistir a filmes. A única mudança é a forma como o serviço é disponibilizado a esse cliente. Além disso, cada uma das formas permite a agregação de mais valor ao serviço. Por exemplo: indo até uma sala de exibição (cinema), o cliente encontrará uma *bombonière* onde poderá comprar um bombom, um refrigerante, pipocas etc. A videolocadora também poderá agregar valor ao entregar o vídeo na casa do cliente e, como cortesia, um pacote de pipocas para micro-ondas, por exemplo. Porém, no acesso a distância, o cliente não terá esses serviços agregados. Ainda assim, terá a comodidade de receber o filme no momento em que desejar, para assistir confortavelmente em sua casa, sem contato com nenhuma pessoa.

> **Questão para reflexão**
>
> A internet permite que as pessoas tenham maior comodidade. Porém, afasta os indivíduos do convívio social, criando um isolacionismo que pode ser prejudicial à sociedade como um todo. Você concorda com essa afirmativa? Justifique a sua resposta.

Claro que nem todas as organizações, ou nem todos os serviços, podem apresentar canais de distribuição que cubram todas as possibilidades relacionadas até aqui. Por exemplo: um hospital não pode deslocar toda sua estrutura física até a casa do cliente. Assim, o cliente deve necessariamente deslocar-se até o hospital para receber os serviços médicos que necessitar. Porém, o hospital pode agregar valor ao disponibilizar um serviço de remoção do paciente, disponibilizar informações úteis em um *site* etc.

Um banco, além de contar com suas agências físicas, também disponibiliza seus serviços (ou a grande maioria deles) via internet e, ainda, pode instalar máquinas de autoatendimento em um supermercado, um hospital ou empresa, ampliando os limites da distribuição de seus serviços aos clientes.

Outra possibilidade para o fornecimento de serviços pode ser a criação de redes de franquias. As franquias são contratos em que um franqueador concede a um franqueado o direito de operar o negócio com a marca (nome) do franqueador, mediante o pagamento de um valor estabelecido contratualmente (geralmente percentual sobre o faturamento), conforme um plano de prestação de serviços estabelecido pelo franqueador. São exemplos de franquias as redes de *fast food* Bobs, McDonald's, redes de perfumarias como O Boticário, entre outras.

Portanto, para montarmos a rede de fornecimento, precisamos considerar as características dos clientes, suas preferências, sua disponibilidade em pagar por valor agregado aos serviços e, ainda, a percepção de valor que o cliente terá do serviço que receber em função daquilo que represente a satisfação de suas necessidades, desejos e/ou expectativas.

Quando consideramos todos esses aspectos, não podemos deixar de levar em conta as relações que acontecem entre os diferentes elos da rede de fornecimento, conforme veremos na sequência.

2.2 Relações de fornecimento de serviços

No gerenciamento das relações existentes no fornecimento de serviços, é essencial considerarmos formas de incentivar monetariamente os fornecedores e, ao mesmo tempo, desenvolver as atitudes e criar a necessária filosofia de serviço que deve servir para agregar o valor que gerará lealdade dos clientes para com a organização (ver atitudes e filosofia de serviço no capítulo 1).

Para conseguirmos gerenciar adequadamente os relacionamentos existentes nas redes de fornecimento, são necessárias algumas estratégias que, segundo Johnston e Clark (2002, p. 183), podem ser assim descritas:

- **Incentivos financeiros**: Os incentivos funcionam muito bem, principalmente quando o membro da rede (intermediário) não presta serviços apenas para uma organização. Assim, é possível oferecer-lhe incentivos financeiros, descontos ou crédito para estimular o intermediário a oferecer o serviço da organização e não o de um concorrente. Por exemplo: uma videolocadora pode ser incentivada a oferecer filmes da Universal Pictures em vez de filmes da Sony Entertainment.
- **Treinamento**: Outra estratégia bastante eficiente é oferecer capacitação para o prestador do serviço, por meio de treinamentos que o qualifiquem a oferecer níveis elevados de serviços aos clientes. A ideia básica do treinamento é buscar um padrão mínimo para os serviços oferecidos, visando oferecer níveis de qualidade que sejam reconhecidos pelos clientes onde quer que façam uso do serviço. A rede de alimentação McDonald's é reconhecida pela existência da sua "Universidade do Hambúrguer" (em Alphaville, SP), conforme podemos ver na notícia exposta a seguir.

[...]
O McDonald's é a empresa líder no segmento de serviço rápido de alimentação. No Brasil, emprega 48.000 pessoas, com previsão de dobrar esse número em 10 anos. O presidente do McDonald's no Brasil, Marcelo Rabach, em entrevista à revista Exame, disse que a questão fundamental para o crescimento é a

contratação e o treinamento de funcionários. "Precisamos continuar a investir em treinamento para não perder a qualidade". E a qualidade é o principal atributo de destaque da empresa, sendo que investe R$ 40 milhões anualmente para treinar seu pessoal.

Para isso, o McDonald's criou e mantém a Universidade do Hambúrguer. As unidades estão presentes nos Estados Unidos, Brasil, Alemanha, Japão, Inglaterra, China e Austrália. Situada em Alphaville, São Paulo, a unidade no país foi fundada em 1997 e atende funcionários e parceiros de toda a América Latina. Os cursos vão desde áreas técnicas até práticas de gestão para cargos de liderança.

[...]

Fonte: B. I. Internacional, 2009.

- ❖ **Fornecimento de *expertise***: Além de incentivos financeiros e treinamento, a organização pode transferir seus conhecimentos sobre o serviço aos seus parceiros nas redes de fornecimento, fornecendo-lhes o necessário suporte aos seus negócios. Geralmente, a organização principal da rede possui recursos expressivos em termos de especializações que faltam ao intermediário na rede, sendo recomendável transmitir-lhe esses recursos para garantir que os serviços manterão um padrão conforme o pensado na estratégia definida pela organização.
- ❖ **Sistemas de informações e tecnologia**: Esse assunto será mais detalhado no capítulo 4. Porém, é importante sabermos que os sistemas de informações são essenciais para um bom gerenciamento dos serviços, uma vez que eles permitem à organização conhecer melhor os clientes e os intermediários que prestam os serviços a eles. A tecnologia da informação e da comunicação (TIC) atualmente disponível nos permite fazer coisas antes inimagináveis em termos de conhecimento do cliente e, ainda, de interação com ele. A interatividade é que possibilita às organizações responder rapidamente às demandas dos clientes, de forma personalizada. Assim, as organizações devem suportar a atuação de seus intermediários com recursos de tecnologia de processos e interligando sistemas de informações.

❖ **Punições**: Quando tudo o mais falhar, a organização deve pensar seriamente em eliminar o intermediário da rede de fornecimento dos serviços. O objetivo da rede é sempre oferecer o serviço demandado pelo cliente e, quando o intermediário está deixando a desejar nesse aspecto, o último recurso pode ser puni-lo com sua eliminação da rede. Tal postura redundará em preocupação nos demais intermediários, que se preocuparão com a possibilidade de receberem o mesmo tratamento.

Além dessas estratégias, precisamos buscar a construção de alianças ao longo da rede de distribuição, para que o compromisso com o cliente seja aprofundado. A construção dessas alianças com os membros da rede de fornecimento de serviços se baseia em relações de confiança e, ainda, em um adequado gerenciamento de informações. É sobre esse assunto que trataremos a seguir.

2.2.1 Gestão da informação no fornecimento de serviços

Um dos aspectos centrais no relacionamento existente no fornecimento de serviços está intimamente ligado à troca de informações que deve existir entre os elos da rede de distribuição criada para suportar o sistema.

Um dos problemas no gerenciamento de serviços é a existência de um mercado extremamente ágil e dinâmico, o mercado 01100100 01101001 01100111 01101001 01110100 01100001 01101100.

Apenas se fôssemos exímios conhecedores da linguagem das máquinas é que poderíamos compreender o que é "dito" na frase anterior, pois se trata de uma sequência de *bits*, e é assim que os computadores entendem a palavra *digital*. Então, reformulemos a parte da frase que está faltando: o **mercado digital**. E o que queremos dizer com esse mercado? Trata-se do seguinte alerta: as empresas que não estiverem na *web* (a rede mundial de computadores) não serão empresas, ou seja, não existirão. É uma previsão catastrófica, infundada, válida apenas para países ricos?

Como não podemos predizer o que acontecerá no futuro, não temos condições de responder a essas perguntas (e a muitas outras). Porém, com certeza, o mercado já existente na rede é extremamente grande e exige das empresas uma visão muito diferente: os negócios das empresas, sejam quais forem, estarão baseados muito mais em informações do que em produtos. Os negócios do futuro (que já é presente) serão baseados muito mais em inteligência e conhecimento do que em instalações, máquinas e equipamentos. A previsão é de que as empresas que não souberem administrar informações, gerenciar conhecimentos, não conseguirão vender produtos/serviços para um mercado cada vez mais ávido por informações e serviços.

Claro que ninguém vai se alimentar de informações, nem vestir-se de *bits* e *bites*. Porém, as informações e o conhecimento profundo do mercado (leia-se *pessoas*) serão de fundamental importância para a sobrevivência de qualquer empresa, em qualquer lugar do mundo. Para que as empresas possam estabelecer estratégias de *marketing* que atinjam seus objetivos, será necessário que estas repensem o gerenciamento de seus sistemas de informações e a forma de se relacionarem com seus clientes.

A questão que colocamos é que, para sabermos como atingir os vários tipos de mercados existentes, é necessário sabermos como se comporta o cliente/usuário, de que forma ele decide comprar (ou não) um serviço e o que lhe motiva.

Conforme sabemos, os mercados são formados por clientes reais (consumidores ou usuários) e por clientes potenciais. Em virtude disso, é necessário que entendamos o comportamento deles para podermos determinar estratégias e táticas de ação que possam levá-los a se interessarem por nossos serviços.

É particularmente importante que os gerentes de serviços entendam o comportamento do cliente, levando em conta as normas de *marketing* que determinam uma resposta de *marketing* voltada para as necessidades do mercado. Desse modo, entender o comportamento do cliente ajuda o gerente de serviços a entender as necessidades do mercado e a desenvolver compostos de *marketing* de serviços para satisfazer essas necessidades.

O comportamento do cliente pode ser definido como um processo metódico por meio do qual o indivíduo se relaciona com o seu meio ambiente, no processo de tomada de decisões a respeito dos serviços que lhe são oferecidos. Todo cliente percorre o mesmo processo decisório, que consiste nos seguintes estágios: reconhecimento do problema, busca da informação, avaliação da informação obtida, decisão de compra (ou não) e aferição pós-compra/decisão (Churchill Junior.; Peter, 2000, p. 146).

O estudo do comportamento do cliente focaliza o quanto os estímulos de *marketing*, os estímulos ambientais e outros influenciam as decisões de compra do consumidor. Particularmente interessante para os gerentes de serviços são as contribuições das ciências comportamentais (principalmente a sociologia, a antropologia e a psicologia) para o entendimento da influência de fatores interpessoais, existentes nos grupos culturais e sociais, e dos fatores interpessoais propriamente ditos, tais como os hábitos, as atitudes e os motivos sobre o comportamento. Ao identificar e traçar o perfil dos mercados-alvo em termos desses critérios, os gerentes de serviços desenvolvem ideias para criarem os serviços, projetar o preço e definir o ponto e as estratégias de promoção para comercializá-los.

A compreensão do comportamento do cliente é fundamental para compreendermos o *marketing* de serviços. O êxito ou o fracasso nessa área dependem fundamentalmente das reações dos consumidores como indivíduos ou como grupo, expressas sob a forma de padrões de compra.

A chave para a mensuração dessas reações é a gestão da informação, pois o papel da gestão da informação é identificar as necessidades informacionais de diferentes usuários e, então, desenvolver um plano para coleta, tratamento, armazenamento e forma de disponibilização dessas informações para os usuários. Assim, ao coletar, tratar, armazenar, definir formas de disponibilizar as informações e como posteriormente as informações que não sejam mais úteis deverão ser descartadas, a gestão da informação contribui para com o processo de desenho do serviço a ser oferecido aos clientes/usuários. Segundo Razzolini Filho e Zarpelon (2005, p. 91),

> Compete ao profissional de gestão da informação estar muito mais voltado para a arquitetura e gerenciamento do sistema, através da visão abrangente da organização, enfocando os objetivos para qual o sistema foi arquitetado e a resolução de problemas, do que o profissional da área de sistemas de informação, o qual está mais voltado para a parte técnica e tecnológica, no sentido de como fazer e executar o sistema.

Ou seja, o papel do gerenciamento da informação é muito mais saber o que é necessário, quem precisará da informação, como e quando disponibilizá-la para o usuário correto. Assim, a gerência de serviços poderá usar as informações disponíveis para oferecer serviços de valor agregado aos clientes.

Segundo o Decigi (2009),

> As ofertas de trabalho aos profissionais de Gestão da Informação têm sido variadas, destacando-se:
>
> ❖ planejamento e execução de pesquisa sobre ofertas e demandas de informação;
> ❖ identificação de necessidades e carências de informações;
> ❖ implementação de ações para otimização do acesso a informações estocadas em documentos e banco de dados;
> ❖ avaliação e preposição de fluxos de informações, documentos, e comunicações para otimização e racionalização de processos;
> ❖ prestação de serviços de consultoria e assessoria na busca, tratamento e apresentação de dados, informações e documentos;
> ❖ definição de políticas de monitoramento, tratamento, uso e segurança da informação.

Como podemos perceber, um profissional de gestão da informação é altamente qualificado para fornecer o suporte informacional que o gerente de serviços necessita para prestar bons serviços aos clientes/usuários.

Questão para reflexão

Você acredita que a tarefa de gestão da informação é importante para o oferecimento de bons serviços? Justifique a sua resposta.

Uma vez definido o serviço a partir de um levantamento das informações relevantes e iniciada a utilização dos serviços da organização por parte dos clientes, é possível que surjam filas no momento em que os serviços estão sendo oferecidos. Assim, o gerente de serviços deve se preocupar em minimizar as filas nesses processos, assunto sobre qual discorreremos na sequência.

2.3 GERENCIANDO FILAS EM OPERAÇÕES DE SERVIÇOS

A questão da existência de filas em operações de serviços é um dos maiores problemas para o gerente de serviços, pois "um cliente esperando em uma fila é potencialmente um cliente perdido" (Fitzsimmons; Fitzsimmons, 2005, p. 286). Porém, precisamos reconhecer que a existência de filas é algo inevitável, posto que existe uma desconexão temporal entre o momento no qual um serviço é demandado e o momento no qual é produzido.

Existe a chamada *teoria das filas*, que busca tratar estatisticamente do processo de gerenciamento das filas. Porém, não vamos tratar desse tema aqui, uma vez que não é esse o objetivo da obra (e, além disso, exigiria um espaço muito grande apenas para isso). Nosso objetivo é demonstrar possibilidades de gerenciamento das filas para oferecermos melhores serviços aos clientes.

Embora a teoria das filas nos permita calcular o número de atendentes para uma determinada demanda prevista, as restrições de recursos e os erros de previsão (previsões são imprecisas, por definição) implicam que o gerente de serviços deve procurar outras opções para minimizar o impacto das filas sobre os clientes.

As filas acontecem quando a demanda supera a capacidade do prestador do serviço em supri-lo a tempo. Porém, conforme observam Fitzsimmons e Fitzsimmons (2005), uma fila não é necessariamente apenas física (um grupo de pessoas alinhadas umas atrás das outras). Uma fila pode se formar em um serviço de atendimento telefônico, de atendimento *online* ou, ainda, em um terminal de computador, quando o servidor fica sobrecarregado. Ou seja, as filas acontecem em qualquer sistema de serviços no qual as chegadas dos clientes acontecem em tempos variados (demanda) e os tempos de atendimento também são variados (oferta). Por exemplo: um caixa de supermercado pode ficar por um determinado tempo sem atender ninguém e, logo em seguida, chegar duas ou mais pessoas ao mesmo tempo para serem atendidas; além disso, uma das pessoas poderá ter apenas cinco itens para pagar, outra com quinze itens e outra poderá estar com vinte itens.

Imaginemos que o caixa do supermercado levasse um minuto para registrar cada item. Se fosse possível ordenar a chegada das pessoas na ordem do número de itens, seria possível determinar que o primeiro fosse atendido durante cinco minutos, o segundo durante quinze minutos e o terceiro durante vinte minutos. Porém, sabemos que as coisas não acontecem assim na prática. Diante disso, a espera em fila é sempre algo inevitável. Portanto, o gerente de serviço deve tomar decisões sobre o que fazer em relação às filas.

É importante considerarmos que as filas raramente podem ser eliminadas. Assim, precisamos estudar alternativas para que as filas possam ser gerenciadas de forma que o cliente não fique "irritado" com a "perda de tempo" por ficar em uma fila. De forma geral, consideramos ficar em uma fila como perda de tempo, encarando isso como um custo. Além disso, o cliente incorre em "custos psicológicos" em virtude da formação de filas: ansiedade, aborrecimento/irritação e outros inconvenientes, que cada indivíduo sente de forma diferente.

Uma das formas de gerenciamento das filas consiste em um desenho do processo de forma que os clientes fiquem o mínimo de tempo esperando. Os desenhos alternativos para a formação de filas podem ser: filas múltiplas, filas com fornecimento de senhas ou filas únicas. As figuras a seguir demonstram esses desenhos de filas.

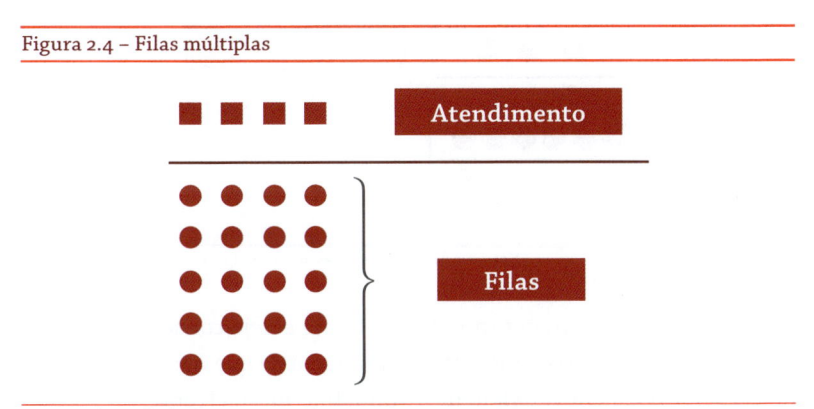

Figura 2.4 – Filas múltiplas

Fonte: Adaptado de Fitzsimmons; Fitzsimmons, 2005, p. 298.

As filas múltiplas são aquelas que se formam em caixas de supermercados, por exemplo, que permitem ao cliente mudar de fila se considerar que a fila ao lado está se movimentando mais rapidamente (esse processo de mudar de fila é conhecido como "atravessamento").

Figura 2.5 – Filas com sistemas de senhas

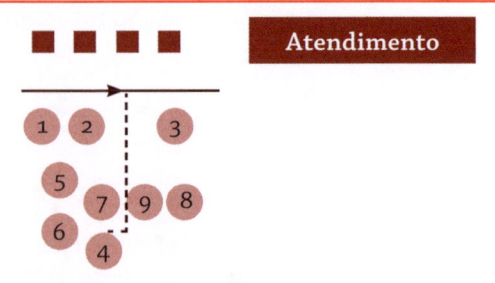

Fonte: Adaptado de Fitzsimmons; Fitzsimmons, 2005, p. 298.

Esse sistema possibilita que a pessoa saiba que ninguém vai "furar" a fila à sua frente. Esse sistema respeita a regra do "primeiro a chegar, primeiro a ser atendido" (FCFS – *first come, first served*). O desenho permite que o cliente circule à vontade em uma loja e eventualmente realize compras por impulso, enquanto aguarda seu atendimento. Um único inconveniente é o fato de que o cliente deve estar atento ao momento em que seu número é chamado, para evitar perder a vez de ser atendido.

Figura 2.6 – Fila única

Fonte: Adaptado de Fitzsimmons; Fitzsimmons, 2005, p. 298.

Esse desenho também garante que o cliente esteja consciente de que aguardará um processo FCFS, com a vantagem de que não corre o risco de perder a vez, nem ver alguém "furar a fila" na sua frente.

Outra forma de gerenciar as filas é a segmentação de clientes. Por exemplo: a TAM, companhia aérea, trabalha com sistema de filas únicas em frente aos guichês de *check-in* (em alguns aeroportos com filas múltiplas), mas apresenta a possibilidade de fila exclusiva para clientes com cartão-fidelidade. Além disso, também oferece fila exclusiva apenas para despacho de bagagens para aqueles clientes que fazem seu *check-in* via internet ou nas máquinas de autoatendimento no próprio aeroporto.

Uma alternativa para reduzirmos o tempo de espera percebido consiste em proporcionarmos entretenimento enquanto o cliente aguarda na fila. Por exemplo: colocando um pianista para tocar músicas populares ou clássicas, suaves, enquanto as filas fluem ou, ainda, promovendo o tratamento da fila em grupos, oferecendo algum tipo de distração para esses grupos enquanto o procedimento de atendimento acontece.

A esse respeito, Johnston e Clark (2002, p. 267-269) relacionam dez princípios que podem permitir que o tempo de espera percebido seja menor do que seria sem sua adoção. Vejamos esses princípios:

- **Tempo ocioso "demora mais" que o tempo ocupado**: A alternativa é tentar oferecer aos clientes algo para fazer ou para lhes proporcionar distração. Como vimos no exemplo anterior (um músico tocando para os clientes), quando o cliente tem uma distração, o tempo parece passar mais rápido.
- **Esperas de pré-processo parecem demorar mais que esperas do processo**: Quando o cliente sente que já iniciou o processo do serviço e que alguma coisa, mesmo que simples, está acontecendo, tende a se sentir menos ansioso. Uma demonstração por parte de um atendente de que o cliente foi percebido na fila, possibilitando a este optar pelo serviço ou pelo preenchimento de um formulário, pode reduzir o tempo percebido de espera.
- **Ansiedade aumenta o tempo percebido de espera**: A ansiedade faz com que a espera pareça mais longa do que realmente é. Uma forma de diminuir a ansiedade é a distribuição de senhas (o cliente sente que já "entrou no sistema"). Imagine-se na sala de espera de um consultório odontológico para ter a dimensão da ansiedade da espera. Um funcionário bem treinado pode ajudar a diminuir a ansiedade da espera, encontrando meios de transmitir segurança ao cliente.
- **Esperas incertas são mais longas que esperas finitas e conhecidas**: Quando o cliente tem uma ideia do tempo que vai esperar e sabe a razão da espera, sua satisfação tende a ser maior. Quando

informamos ao cliente o tempo de espera, ele tende a ser mais compreensivo. Além disso, geralmente, as organizações informam um tempo de espera maior que o real, de forma que quando o cliente vê que será atendido antes do previsto, fica mais satisfeito.

- **Esperas inexplicadas parecem demorar mais que as explicadas**: Quando fornecemos uma explicação plausível ao cliente sobre a demora do serviço, ocorre uma redução da incerteza, dando-lhe a impressão de que a organização sabe que deve dar uma explicação e, ainda, que o cliente é importante.
- **Esperas injustas são mais demoradas que esperas justas**: As filas múltiplas (Figura 2.4), tendem a gerar sensação de injustiça ("Porque a fila ao lado sempre anda mais rápido que a minha?"). Assim, as filas com uso de senhas (Figura 2.5) ou únicas (Figura 2.6), tendem a diminuir essa sensação, sobretudo se o número de atendentes for adequado. Casos em que a antecipação de um atendimento seja necessária devem ser comunicados aos demais clientes (por exemplo: uma fila em um pronto-socorro quando chega um paciente em estado grave, "furando" a fila).
- **Quanto mais valioso o serviço, mais o cliente se dispõe a esperar**: Quando a organização executa um serviço complexo e sob medida em relação às necessidades do cliente, é muito provável que os clientes estejam dispostos a esperar. Por exemplo: o serviço de cabeleireiro, no qual o cliente confia no trabalho do profissional e mantém uma relação duradoura e estável. Importante destacarmos que a organização prestadora do serviço não deve assumir esse princípio como uma premissa.
- **Esperas em grupo parecem ser menores que esperas isoladas**: Quando o cliente tem com quem partilhar a sensação de perda de tempo, essa sensação é minimizada. Ou seja, perceber que outros também estão ansiosos e angustiados minimiza a sensação de ansiedade e angústia individual. Outro aspecto é a possibilidade de entabular conversa com outra pessoa da fila, possibilitando distração (basta olharmos as filas para idosos, nos bancos, para percebermos a sociabilidade deles e, como consequência, sua falta de angústia).

- ❖ **Desconforto gera sensação de maior tempo de espera**: Quando as filas são desconfortáveis (por exemplo: calor excessivo), os clientes ficam mais irritadiços e ainda tendem a considerar o serviço como sendo insatisfatório. À medida que o conforto das filas é mais bem planejado, a sensação de conforto tende a diminuir a percepção de demora na fila (exemplo: agências dos correios, que implantaram senhas para atendimento diferenciado – portadores de necessidades especiais, serviços Sedex e demais serviços, com senhas e poltronas para espera).
- ❖ **Usuários novos (não frequentes) acham que esperam mais que usuários antigos (frequentes)**: Na verdade, os usuários frequentes (*habituès*) estão habituados com o tempo de espera e, por isso, ficam mais à vontade. Por outro lado, usuários menos frequentes (ou novos), ficam mais ansiosos e inseguros. Cabe ao gerente de serviços identificar esses clientes/usuários e fornecer informações para que eles fiquem mais tranquilos em relação ao tempo de espera.

O importante é que o gerente de serviços esteja permanentemente preocupado em atender os clientes e em minimizar seu tempo de espera nas filas, uma vez que um cliente irritado com a espera em uma fila pode ser um cliente perdido.

Questão para reflexão

Quando você está em uma fila e alguém a "fura", como você se sente? Por que isso acontece? Sua reação poderia ser considerada como um "custo psicológico?

Outro aspecto importante no gerenciamento de serviços é a questão da compras de serviços. Esse aspecto também deve ser motivo de preocupação para o gerente de serviços, uma vez que o comportamento de compra de serviços é diferente daquele considerado para compras de bens tangíveis. Discorremos sobre esse assunto na sequência.

2.4 COMPRAS DE SERVIÇOS

Quando um indivíduo efetua uma compra de um bem físico (tangível), seu processo de decisão é bastante conhecido (ver item 1.1), ou seja, o comportamento do cliente tem sido bastante estudado pelo *marketing*. Porém, quando se trata de serviços, embora o processo de decisão seja o mesmo (reconhecimento da necessidade do serviço, busca da informação, avaliação da informação obtida, decisão de compra – ou não – e aferição pós-compra/decisão), os aspectos a serem considerados são mais sensíveis e, por isso, exigem maior dedicação por parte do comprador, sobretudo na fase de levantamento de informações.

Além disso, precisamos distinguir a compra individual da compra empresarial. Na compra de serviços individuais, a percepção de risco é muito menor que na compra empresarial, uma vez que, inclusive, os valores envolvidos são menores. No processo de compra empresarial, o responsável deve tomar uma decisão que envolve a organização em compromissos que podem não se extinguir com a prestação do serviço. Por exemplo: a contratação de serviços de refeições industriais. A organização compradora do serviço pagará pelo fornecimento das refeições oferecidas a seus empregados e arcará com eventuais problemas de saúde decorrentes dessas refeições (mesmo que o contrato preveja que a empresa será imediatamente ressarcida pelo fornecedor do serviço de refeições, a responsabilidade perante os empregados da orgarnização é somente dela).

O gerente de serviços deve ter claro que na maioria das compras empresariais os serviços deverão ser personalizados para atenderem à organização-cliente. Por exemplo: quando uma organização contrata um operador logístico para realizar o abastecimento da sua linha de produção em um processo de *milk run*, ela desejará que esse operador assuma o compromisso de não interromper o processo produtivo por atrasos nas entregas.

Outro aspecto importante dos serviços empresariais é que estes geralmente exigem maior suporte de recursos tecnológicos e processos do que de pessoas, posto que as necessidades organizacionais são mais complexas que as individuais. Para auxiliar na compreensão desse processo, Fitzsimmons e Fitzsimmons (2005, p. 331) propõem uma classificação para a compra de serviços empresariais na qual consideram se a importância do serviço é alta ou baixa em relação a três dimensões: propriedade, pessoas e processos.

À medida que o enfoque da decisão se desloca da propriedade para os processos, a tangibilidade dos serviços diminui e, com isso, a decisão passa a ficar mais difícil.

Assim, além da tangibilidade, outro aspecto a ser considerado é a relação do serviço com a atividade principal da organização (seu *core business*), uma vez que os serviços considerados como mais importantes serão merecedores de preocupação por parte da gerência hierarquicamente mais elevada, pois impactam sobre aquilo que é considerado essencial para o funcionamento da organização – nos seus resultados – envolvendo maior exposição a riscos que podem comprometer os resultados da empresa. Aqueles serviços considerados como menos relevantes para o negócio principal (*core business*) podem ser decididos em escalões inferiores, até mesmo porque os valores envolvidos são menos elevados.

Porém, como exemplificamos no caso das refeições industriais, classificar serviços como sendo de baixa importância será algo sempre relativo e cada organização pode decidir o grau de relevância de uma decisão de contratação, mudando a classificação proposta por Fitzsimmons e Fitzsimmons (2005). A classificação proposta pode ser vista no Quadro 2.2 a seguir.

Quadro 2.2 – Classificação para compras de serviços empresariais

tangibilidade (−) → (+)		Importância do serviço	
		Baixa	Alta
	Propriedade	Apoio a instalações: ❖ lavanderia; ❖ limpeza; ❖ tratamento de lixo.	Apoio a equipamentos: ❖ consertos; ❖ manutenção; ❖ teste de produtos.
	Pessoas	Apoio a empregados: ❖ alimentação; ❖ segurança de plantas; ❖ pessoal temporário.	Desenvolvimento de empregados: ❖ treinamento; ❖ educação; ❖ cuidados médicos.
	Processo	Facilitador: ❖ contabilidade; ❖ reservas de viagens; ❖ pacote de *softwares*.	Profissional: ❖ propaganda; ❖ relações públicas; ❖ advocacia.

Fonte: Adaptado de Fitzsimmons; Fitzsimmons, 2005, p. 331.

Questão para reflexão

Você concorda que, quanto mais tangibilidade tiver um serviço, mais fácil é o processo de decisão de compra? Justifique sua resposta.

Fitzsimmons e Fitzsimmons (2005) também apresentam as principais considerações de compra existentes nos processos de contratação de serviços, conforme o Quadro 2.3 a seguir.

Quadro 2.3 – Considerações de compra de serviços empresariais

Enfoque sobre a propriedade
Serviço de apoio a instalações (baixa importância): ❖ baixo custo; ❖ identificação da parte responsável para avaliar desempenho; ❖ especificações precisas por escrito.
Serviço de apoio a equipamentos (alta importância): ❖ experiência e reputação do fornecedor; ❖ disponibilidade do fornecedor para atendimento de emergência; ❖ designação de pessoa para solicitar o serviço e conferir desempenho.
Enfoque sobre pessoas (baixa importância): ❖ a experiência sobre uma indústria em particular é importante; ❖ envolvimento dos altos níveis da administração na identificação e escolha dos fornecedores; ❖ clientes dos fornecedores contatados para obter referências; ❖ empregados avaliam o desempenho dos fornecedores.
Enfoque sobre o processo **Serviço facilitador (baixa importância):** ❖ importância do conhecimento de fornecedores alternativos; ❖ envolvimento do usuário final na identificação de fornecedores; ❖ utilidade da referência de avaliações de terceiros; ❖ especificações detalhadas relatadas pelo usuário.
Serviço profissional (alta importância): ❖ envolvimento da alta administração na identificação e na escolha de fornecedores; ❖ alta importância da reputação e experiência; ❖ avaliação de desempenho pela alta administração.

Fonte: Adaptado de Fitzsimmons; Fitzsimmons, 2005, p. 332.

Nota (1): Na verdade, o enfoque sobre as pessoas depende da forma como cada organização encara seus recursos humanos e consequentemente como os trata.

Com base nos dois quadros anteriormente apresentados, é possível analisarmos como ocorrem as decisões de compra de serviços, assunto que veremos no próximo tópico.

2.4.1 Decisões de compra

As decisões de compra de serviços ocorrem de forma processual, conforme podemos perceber na Figura 2.7 a seguir.

Figura 2.7 – Processo de compra de serviços

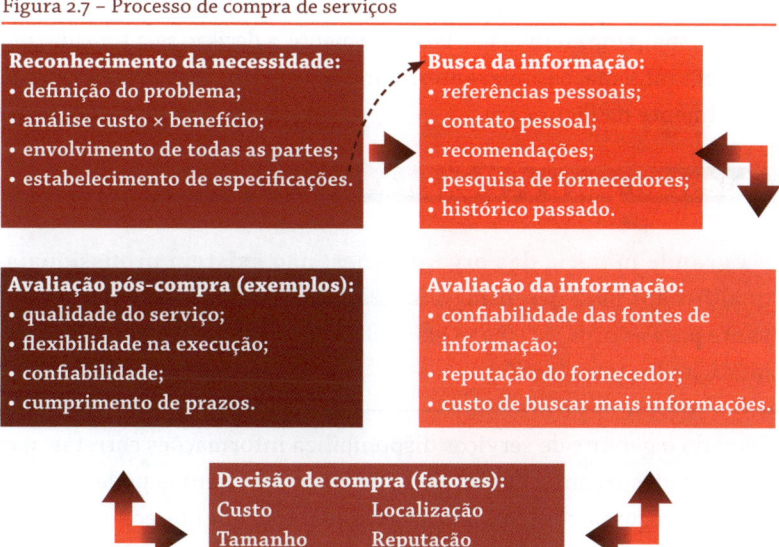

Reconhecimento da necessidade:
- definição do problema;
- análise custo × benefício;
- envolvimento de todas as partes;
- estabelecimento de especificações.

Busca da informação:
- referências pessoais;
- contato pessoal;
- recomendações;
- pesquisa de fornecedores;
- histórico passado.

Avaliação pós-compra (exemplos):
- qualidade do serviço;
- flexibilidade na execução;
- confiabilidade;
- cumprimento de prazos.

Avaliação da informação:
- confiabilidade das fontes de informação;
- reputação do fornecedor;
- custo de buscar mais informações.

Decisão de compra (fatores):
Custo   Localização
Tamanho   Reputação
Experiência   Referências

Fonte: Adaptado de Fitzsimmons; Fitzsimmons, 2005, p. 330.

Como a figura anteriormente demonstrada nos permite perceber, as decisões de compra levam em consideração vários fatores, como o custo do serviço, a localização do prestador do serviço, sua reputação, experiência e porte da organização (tamanho). Além disso, buscam-se referências sobre a prestação do mesmo serviço para outras organizações em situações anteriores.

Na verdade, cada um dos fatores que constam da figura no quesito *decisão de compra* pode ser resumido em uma única palavra: *informação*.

A decisão de compra é suportada por informação, e quanto melhor o nível de informações, melhor a qualidade das decisões tomadas. Como vimos, as organizações devem contar com um gerenciamento profissional das informações, de forma que as empresas tenham condições de garantir que seu processo de tomada de decisão seja sempre suportado por informações de alta qualidade.

O processo se inicia com a busca de informações, suportado pelas informações de processos de compra anteriores, uma vez que a avaliação pós-compra visa retroalimentar o processo. A avaliação das informações obtidas deve ser efetuada à luz de um processo de gestão da informação profissional, com efetividade. Posteriormente, a decisão será tomada com base em informações relevantes, como as especificadas anteriormente (igualmente na Figura 2.7).

Questão para reflexão

Na grande maioria das organizações, não existem profissionais qualificados para gerenciar a informação. Você acredita que é relevante para as organizações a existência de um grupo de profissionais qualificados para isso?

Quando o gerente de serviços disponibiliza informações corretas, nas quantidades e com a qualidade suficientes, os clientes podem tomar decisões seguras, com confiança na organização que oferece os serviços. Portanto, no desenho do "pacote" de serviços, o gerente de serviços deve se preocupar em oferecer o máximo de informações para suportar o processo de tomada de decisão dos clientes/usuários.

2.5 Atividades e estrutura da gerência de serviços

O desenho da estrutura funcional da área de serviços é variável de organização para organização, uma vez que cada uma dispõe de recursos em volumes diferentes e, ainda, conta com uma cultura própria em relação a serviços. Por *estrutura funcional* devemos entender a definição das funções e respectivas atividades/tarefas desenvolvidas na área de serviços.

Um gerente de serviços tem, entre suas funções, a responsabilidade pelo gerenciamento dos processos, das pessoas e de todos os demais recursos necessários para o desenvolvimento dos serviços, exigidos em níveis específicos de qualidade e de eficiência em custos. Assim, podemos afirmar que as atividades do gerente se distribuem em um *continuum* de tempo, indo desde as operações diárias (curto prazo) até as atividades estratégias (longo prazo), conforme podemos perceber na figura a seguir.

Figura 2.8 – Funções do gerente de serviços

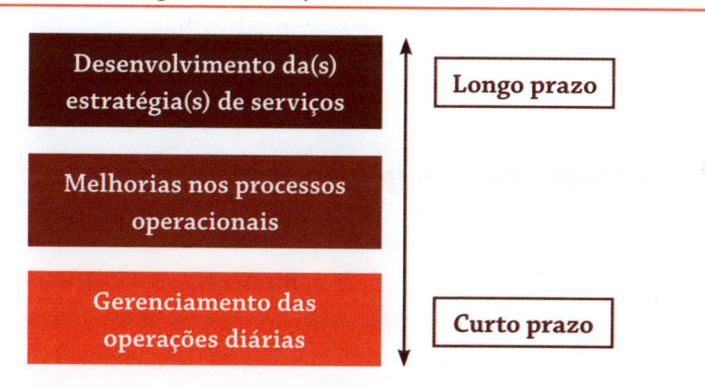

Desenvolvimento da(s) estratégia(s) de serviços	Longo prazo
Melhorias nos processos operacionais	
Gerenciamento das operações diárias	Curto prazo

De forma simplificada, podemos afirmar que as principais funções da gerência de serviços são: planejar, organizar, dirigir e controlar. Vejamos brevemente cada uma delas.

A função *planejamento* é sempre estratégica, de longo prazo, uma vez que o gerente de serviços deve se ocupar do direcionamento das atividades da organização no futuro. O gerente de serviços, em outras palavras, a função *planejamento* se ocupa hoje do que se espera aconteça no futuro.

A função *organização* corresponde àquelas atividades de "colocar ordem nas coisas". Organizar significa dispor adequadamente os recursos disponíveis para garantir um funcionamento eficiente dos sistemas organizacionais. Portanto, organizar é uma função relacionada com o suporte ao gerenciamento das operações (sempre com visão no médio prazo).

Direção é a função "linha de frente" da gerência de serviços, uma vez que significa a gerência das operações diárias (curto prazo) no dia a dia da organização.

Por fim, a função *controle* é a função que permeia todas as demais, uma vez que precisamos controlar o que ocorre no processo de planejamento, como acontece o gerenciamento (direção) e, ainda, como acontece o processo de organização. A lógica subjacente à função *controle* é a de que não conseguimos planejar, dirigir e organizar aquilo que não conseguimos controlar. A função *controle* é responsável por mensurar o desempenho da organização de uma forma geral, e das suas funções, de forma específica.

Como vimos, as funções da gerência de serviços são exatamente as mesmas de qualquer outra gerência organizacional, sintetizadas no tradicional planejar, organizar, dirigir e controlar (PODC). Na sequência, descrevemos mais apropriadamente a gerência de serviços.

2.5.1 Descrição da gerência de serviços

O gerente de serviços, também chamado em algumas organizações de *gerente de serviços de marketing*, é um profissional de *marketing* que se responsabiliza pelo acompanhamento dos serviços oferecidos pela organização, desde sua concepção até sua disponibilização aos clientes no mercado. Cabe ao gerente de serviços estudar a criação do serviço e controlar sua qualidade no mercado.

Também é sua incumbência fazer o gerenciamento das informações relacionadas com o serviço sob sua responsabilidade e, com esse objetivo, manter relações funcionais com todas as áreas da organização. Sua subordinação se dá à gerência de *marketing*.

2.5.2 Competências esperadas da gerência de serviços

Para bem desempenhar as suas atribuições, o gerente de serviços deve ter formação com foco em *marketing* e/ou ampla experiência em gerenciamento de equipes.

Além disso, o gerente de produto deve ter dinamismo, determinação, criatividade, imaginação fértil e facilidade de se relacionar com as pessoas. Deve contar também com a habilidade de gerir pessoas para conseguir colaboração espontânea na execução de suas ideias e recomendações, assim como deve possuir senso de liderança e poder de persuasão, capacidade de síntese, independência de ação e capacidade de elaborar relatórios concisos com regularidade à sua chefia imediata.

2.5.3 Responsabilidades, subordinação e relações funcionais da gerência de serviços

Suas principais responsabilidades se relacionam à elaboração de planos para o serviço, para a sua execução e para o seu acompanhamento. Para tanto, o gerente de serviços precisa coordenar as atividades de produção, do composto promocional (propaganda, *merchandising* etc.) e de distribuição, realizando o acompanhamento, observando a conformidade dos resultados com o que foi planejado.

Em organizações de maior porte, o gerente de serviços é subordinado ao diretor de *marketing* e, em organizações menores, pode se reportar a um gerente ou diretor geral.

Quanto às relações funcionais, o gerente de serviços se relaciona com diversas áreas da organização para melhor executar suas atividades, demonstradas a seguir.

- com a gerência de recursos humanos, para determinar necessidades de recrutamento, seleção e desenvolvimento das pessoas a ele subordinadas;
- com a gerência de pesquisa de *marketing*, para obter e acompanhar informações de estudos sobre serviço, resultados de testes e pesquisas, além de definir o posicionamento de seus serviços e dos concorrentes no mercado;
- com a gerência de pesquisa e desenvolvimento (P&D), para acompanhar o andamento de pesquisas em desenvolvimento, visando aperfeiçoamentos de serviços e direcionamentos desejáveis para orientação das pesquisas;
- com a gerência de logística, para definir o nível de serviço logístico a ser oferecido aos clientes ao longo do canal de distribuição;
- com a gerência de vendas, para acompanhar a comercialização do produto por áreas geográficas, visando aumento de vendas em função de campanhas ou ações promocionais, suportadas por serviços de *marketing*.

2.5.4 Atividades da gerência de serviços

São muitas as atividades inerentes a um cargo de gerência. Especificamente, o gerente de serviços deve buscar compreender profundamente os hábitos e os comportamentos dos clientes. Assim, ele precisa manter contato com as demais áreas funcionais da organização, uma vez que a área de pesquisa de *marketing* vai oferecer os resultados de pesquisa e estudos de mercado, para que o gerente de serviços possa aprofundar a acurácia dos seus conhecimentos sobre o cliente. A área de vendas lhe fornece informações sobre as vendas por áreas geográficas, pontos de vendas e por tipos de clientes. As áreas de comunicação e de promoção de vendas reforçam as informações com dados sobre as mídias utilizadas e os impactos ambientais. Ou seja, no contato com as diferentes áreas funcionais, o gerente de serviços desenvolve atividades específicas inerentes ao cargo.

2.5.5 Avaliação de desempenho da gerência de serviços

A avaliação do desempenho da gerência de serviços é realizada como qualquer outra avaliação de desempenho de recursos humanos. Um gerente de serviços deve possuir as competências necessárias ao exercício do cargo e, em síntese, são essas competências que permitirão avaliar o seu desempenho:

- qualidade do seu desempenho pessoal;
- qualidade das previsões elaboradas;
- qualidade do seu relacionamento com as demais áreas da organização e com os demais departamentos do *marketing*;
- qualidade do seu relacionamento com a equipe de serviços;
- qualidade do seu relacionamento com os seus pares;
- qualidade das informações fornecidas para a gerência de *marketing*;
- qualidade do *follow-up* das operações propostas pela gerência de serviços;
- qualidade da sua metodologia de trabalho;

- grau de adequação das ideias propostas em termos de adequação do(s) serviço(s) ao(s) mercado(s);
- grau de criatividade nas sugestões para adaptar o serviço às necessidades do mercado;
- grau de cumprimento das metas dentro dos volumes estabelecidos, bem como da qualidade desse cumprimento;
- grau de atendimento aos prazos estabelecidos;
- grau de cumprimento das metas orçamentárias;
- grau de cumprimento e aperfeiçoamento de diretrizes e políticas organizacionais;
- grau de contribuição para o desenvolvimento da organização como um todo.

Questão para reflexão

Quando a organização não conta com o cargo de gerente de serviços em sua estrutura, a pessoa mais indicada para assumir tais funções seria o próprio dono. Você concorda com essa afirmativa? Por quê?

Como podemos perceber, o gerente de serviços é uma das figuras essenciais para o sucesso mercadológico de uma organização. Agora que já sabemos o que é um gerente de serviços e o que ele faz, podemos perceber uma estrutura funcional simplificada, indicando o posicionamento do cargo na organização, conforme demonstrado na Figura 2.9 a seguir.

Figura 2.9 – Estrutura funcional genérica inserindo a gerência de serviços

```
                    Direção geral
                         |
   ┌──────────┬──────────┼──────────┬──────────┐
Diretoria   Diretoria  Diretoria              Outras
   de          de         de                diretorias
produção    finanças   marketing
                          |
              ┌───────────┼───────────┐
          Gerência de  Gerência de   Outras
           produtos     serviços    gerências
```

É importante esclarecermos que cada organização estruturará sua área de *marketing* conforme seus recursos financeiros e humanos. Porém, as responsabilidades funcionais, independente do porte da organização, são sempre as mesmas. Além disso, convém lembrar que "marketing integrado é certamente aplicado por poucas empresas no Brasil" (Cobra, 1985, p. 347).

Síntese

Neste capítulo, vimos o processo de gerenciamento do fornecimento de serviços, as relações implícitas nesse processo, como o gerente procede em relação às filas, como ocorre o processo de compra de serviços e as decisões dos clientes e, ainda, como se estrutura a área de serviços para suportar seu funcionamento.

Iniciamos o capítulo contextualizando o *marketing* na atualidade, na qual os clientes não apresentam o mesmo grau de fidelidade que apresentavam no passado, uma vez que recebem uma maior oferta de produtos/serviços, maior volume de informações e maior respeito por suas decisões. Consequentemente, as organizações devem procurar agregar valor aos seus produtos por meio da adição de serviços aos clientes/usuários.

Compreendemos a importância dos serviços, a forma como as organizações devem agregar valor aos seus produtos, iniciando a discussão da necessidade da criação de redes de fornecimento, haja vista que o fornecimento de serviços pressupõe o inter-relacionamento entre diferentes "atores" no processo de fornecer serviços aos clientes/usuários. A ligação entre esses diferentes "atores" é o que denominamos de *rede de fornecimento*, que, em síntese, é o mecanismo de interligação entre os elos existentes no caminho entre o produtor do serviço e o seu cliente/usuário.

Tratamos da questão das relações que se estabelecem dentro dessas redes de fornecimento, de forma que se compreenda que as discussões inerentes a esses relacionamentos podem ser facilitadoras ou geradoras de dificuldades na criação e na oferta de uma verdadeira filosofia de serviços por parte das organizações.

As formas de incentivar os relacionamentos nas redes de fornecimento podem ser de incentivos financeiros, treinamento das equipes de serviços, fornecimento de *expertise* aos membros da rede, oferecendo suporte de informações e, ainda, de recursos de tecnologia da informação e, em último caso, através de punições que possam servir de exemplo para os demais membros da rede.

Trabalhamos a questão das compras de serviços, esclarecendo que as compras individuais são diferentes das compras empresariais (organizacionais) e apresentamos alguns aspectos importantes sobre os serviços voltados a clientes organizacionais.

Analisamos o processo decisório em compras de serviços, observando um modelo do processo de comportamento de compras de serviços com foco nas compras organizacionais, no qual pudemos observar que os fatores de maior relevância nas compras empresariais são o custo do serviço, a localização da prestação e a reputação do prestador do serviço, sua experiência e, ainda, a busca de referências com clientes anteriores, que contrataram o serviço da organização que está sendo pesquisada.

Vimos que, em síntese, o processo decisório está embasado em informações, uma vez que a qualidade da informação está diretamente relacionada à qualidade da decisão. Em função da necessidade de informações com qualidade, é fundamental que as organizações contem com profissionais competentes especializados no gerenciamento de informações.

Finalizando o capítulo, estudamos as atividades e a estrutura funcional da área de serviços, que devem ser definidas de forma a suportar o nível de serviço pretendido pela gerência de serviços, uma vez que o gerente de serviços tem a função principal de gerenciar os processos, as pessoas e todos os recursos que sejam necessários para o desenvolvimento do serviço, de forma eficiente (em termos de custos) e com elevados níveis de qualidade. As atividades do gerente de serviços passam pelas operações diárias (em uma perspectiva de curto prazo), pelas atividades tático-administrativas (no médio prazo) e pelas atividades estratégicas (que implicam visão de longo prazo). Ou seja, de forma sintética, as atividades da gerência de serviços de *marketing* podem ser resumidas em: planejamento, organização, direção e controle.

Questões para revisão

1» Por que é importante para o gerente de serviços entender o comportamento do cliente?
2» O que é comportamento do cliente? Quais as etapas do processo decisório do cliente?
3» O que é necessário considerar para estruturar uma rede de fornecimento de serviços?
4» Qual o principal fator para diferenciar a compra individual de serviços da compra empresarial?
5» Qual o principal suporte para as decisões de compras de serviços?

Para saber mais

COSTA, L. C. **Teoria das filas**. Disponível em: <http://www.deinf.ufma.br/~mario/grad/filas/TeoriaFilas_Cajado.pdf>. Acesso em: 10 dez. 2002.

Trata-se de uma apostila, em formato PDF, na qual o autor apresenta a teoria das filas de forma simples, com a qual o leitor poderá se aprofundar no assunto.

EBAH! **Filas de espera (teoria das filas)**. Disponível em: <http://www.ebah.com.br/filas-de-espera-teoria-das-filas-pdf-a14542.html>. Acesso em: 10 dez. 2009.

Esse *site* é um repositório de arquivos compartilhados por diferentes autores, principalmente na área das engenharias.

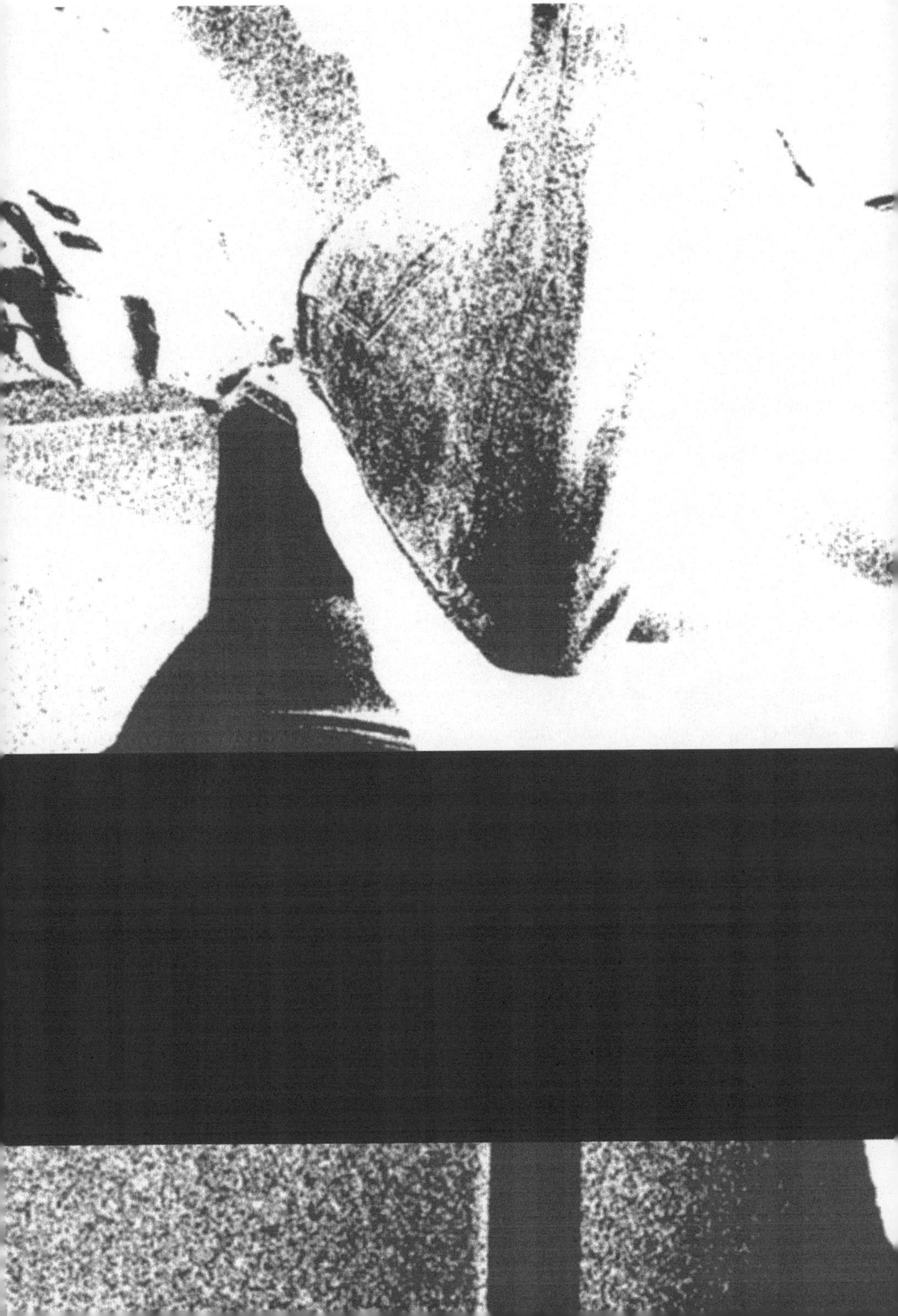

3
Qualidade em serviços

Conteúdos do capítulo:
- impactos dos serviços aos clientes;
- dimensões da qualidade de serviços;
- qualidade de serviços.

Após o estudo deste capítulo, você será capaz de:
- compreender os principais impactos dos serviços sobre os clientes;
- identificar as dimensões da qualidade de serviços nas organizações;
- conceituar qualidade de serviços.

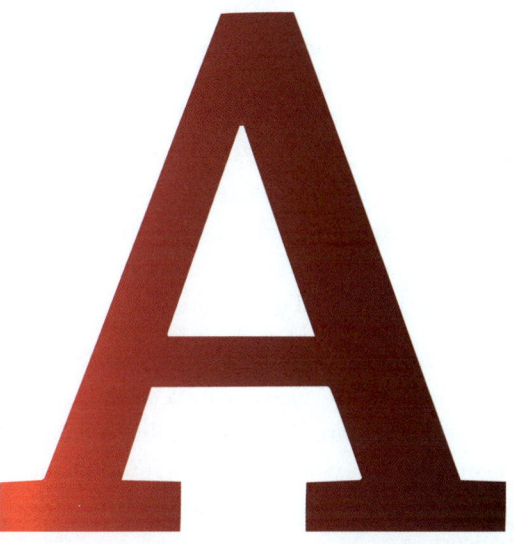

A qualidade é um dos mais significativos parâmetros de competitividade organizacional. Assim, os serviços também devem apresentar padrões de qualidade elevados, de forma que os clientes/usuários tenham seus desejos satisfeitos e, com isso, as ações da gerência de *marketing*, no seu conjunto, surtam o efeito desejado. Para os gestores dessa área, a qualidade dos serviços pode ser gerenciada com base nas diferentes dimensões com que é percebida pelos clientes/usuários. Segundo Fitzsimmons e Fitzsimmons (2005, p. 147), essas dimensões, entre outras já comentadas ao longo do livro, podem ser assim relacionadas: confiabilidade, responsabilidade, segurança, empatia e tangibilidade. Vejamos essas dimensões:

- **Confiabilidade**: Entendida como a capacidade de prestar o serviço oferecido (e prometido) com confiança e exatidão. O cliente sabe o que esperar do serviço e recebe o que lhe foi prometido.
- **Responsabilidade**: Consiste na disposição da organização para fornecer o serviço, conforme prometido, prontamente e com uma genuína disposição para auxiliar os clientes/usuários.
- **Segurança**: Trata-se da cortesia com que os empregados tratam os clientes/usuários e do conhecimento dos colaboradores sobre a organização e seus serviços, bem como sua capacidade em transmitir confiança e segurança para os clientes.

- **Empatia**: Entendida como a habilidade dos empregados em demonstrar genuíno interesse pelos clientes/usuários, dando-lhes atenção personalizada.
- **Tangibilidade**: É a capacidade da organização de oferecer uma estrutura que permita aos clientes/usuários sentir uma atmosfera que se incorpora aos serviços, como a aparência das instalações físicas, os equipamentos utilizados, o material de comunicação e, ainda, o próprio pessoal que os atende.

Além disso, é importante considerarmos que existem algumas dificuldades para mensurar a capacidade de serviços de uma organização e, consequentemente, o seu gerenciamento. Entre essas dificuldades, podemos destacar o absenteísmo dos recursos humanos, a rotatividade das pessoas que prestam o serviço e, ainda, a variação da produtividade que existe na oferta dos serviços.

Para aqueles serviços que dependem essencialmente dos recursos humanos, o absenteísmo e a rotatividade são críticos, uma vez que a competência individual na prestação do serviço é algo difícil de ser substituído, mesmo com treinamento. Portanto, quando o funcionário falta ao trabalho (absenteísmo), certamente a qualidade do serviço tende a ficar prejudicada. O mesmo acontece com a rotatividade, uma vez que o processo de treinamento (como veremos no capítulo seguinte) é algo que demanda tempo e, ainda, existe o inconveniente de nem todas as pessoas absorverem o treinamento da mesma forma. Além disso, ambos os aspectos interferem na produtividade, gerando uma variação indesejável, que provoca filas, diminui a qualidade do atendimento e, ainda, afeta as dimensões de percepção do cliente/usuário em relação ao serviço.

Assim, é importante implantarmos sistemas de serviços flexíveis, que permitam modificações na capacidade de prestação de serviços sempre que necessário. Assim, algumas políticas podem ser utilizadas para mudanças na capacidade de prestar serviços, que podem ser: ajuste da capacidade do sistema à demanda e absorção das variações de demanda com uso de estoques.

Questão para reflexão

A empatia é entendida como a capacidade do ser humano de se colocar no lugar do outro, sentindo o que ele sente, percebendo o que ele percebe, sendo hoje considerada uma habilidade essencial no relacionamento entre as pessoas. Você acredita que a empatia pode ser ensinada (transmitida através de treinamento)? Justifique a sua resposta.

Ajustar a capacidade do sistema à demanda é algo a ser buscado permanentemente, embora seja uma iniciativa de difícil execução (conforme vimos no capítulo anterior), pela existência de filas sempre que a demanda supera a capacidade de prestação de serviços da organização. Porém, esse ajuste pode ser obtido se a organização desenhar sistemas flexíveis que possam se ajustar às modificações ambientais de forma rápida e segura. Isso implica, por exemplo, manter equipes reservas treinadas, desenhar processos alternativos para situações de aumento de demanda etc.

Alternativamente, a absorção de variações de demanda com o uso de estoques exige que a organização desenhe sistemas de prestação alternativos que contem com reservas (como equipes de atendimento, por exemplo), gerenciamento alternativo das filas (ver capítulo anterior) e, ainda, com a transferência da execução de tarefas ao cliente/usuário, como o processo de preenchimento de formulários.

Segundo Johnston e Clark (2002, p. 228), em função "da intangibilidade do serviço, o desenho do processo se caracteriza frequentemente como uma atividade de tentativa e erro *ad hoc*, em vez de uma atividade administrativa formal, com procedimentos definidos". Ou seja, a questão é que os processos, na maioria das vezes, apresentam falhas desde a fase da sua concepção e, como resultado, os clientes acabam recebendo serviços ineficientes e de baixa qualidade. Portanto, deve haver uma preocupação constante por parte da gerência de serviços no sentido de oferecer serviços com altos índices de qualidade, com processos bem desenhados, que contem com a necessária flexibilidade para adaptação às situações de alterações de demanda inerentes ao mercado.

Para Lovelock e Wright (2001, p. 13),

> as demandas dos investidores por lucros melhores nos investimentos também têm alimentado a procura de novas maneiras de aumentar os lucros mediante a redução dos custos de entrega do serviço. Historicamente, o setor de serviços ficou para trás do setor industrial em termos de melhoria da produtividade, embora existam sinais animadores de que alguns serviços estejam começando a se atualizar, particularmente quando existe margem também para melhorias simultâneas na qualidade.

Assim, precisamos compreender como os serviços exercem impactos sobre os clientes e como a qualidade é importante para os processos de serviços, além da necessidade de melhoria constante da qualidade e da produtividade, conforme veremos ao longo desse capítulo.

3.1 COMO OS SERVIÇOS IMPACTAM SOBRE OS CLIENTES/USUÁRIOS

Como vimos no capítulo 2, os serviços podem gerar custos psicológicos para os clientes. Porém, nem só de experiências negativas vivem os serviços. Existem experiências positivas a serem oferecidas aos clientes. Tudo o que vimos até aqui nos permite compreender que os serviços podem ter um impacto tanto positivo quanto negativo sobre os clientes. Porém, desejamos que os serviços tenham sempre um impacto positivo sobre os clientes/usuários da organização. Assim, devemos buscar aqueles pontos que reforçam as características positivas dos serviços prestados para que o seu efeito seja sempre positivo.

Segundo Churchill Junior e Peter (2000, p. 293)

> o sucesso de uma organização de serviços muitas vezes depende de sua capacidade de desenvolver relações com os clientes e prestar serviços de qualidade. Logo, os profissionais de marketing de serviços dependem de sua capacidade de reter – e não só atrair – clientes. Eles beneficiam-se especialmente do *marketing de relacionamento*, que se centra em construir confiança e demonstrar comprometimento com o cliente. [grifo do original]

Para ofertar serviços com qualidade percebida pelos clientes/usuários, a organização deve se focar nas necessidades e nos desejos dos clientes, preferencialmente individualizando-os e criando valor para eles. Como podemos perceber pela afirmativa dos autores anteriormente citados, um dos aspectos centrais no impacto dos serviços sobre os clientes consiste na construção de confiança, a partir da demonstração de comprometimento com o cliente. Como já vimos, os serviços podem ser baseados em pessoas ou em equipamentos e, assim, para aqueles serviços baseados em pessoas, o nível de consistência do serviço e sua qualidade dependem fundamentalmente do preparo e da motivação das pessoas que prestam o serviço.

Focar nas necessidades e nos desejos dos clientes significa compreender corretamente as necessidades das pessoas (por exemplo, sede), identificar os desejos decorrentes dessas necessidades (por exemplo, água mineral com gás) e, se possível, superar as expectativas dos clientes, oferecendo-lhes o que eles desejam sem que eles precisem manifestar seus desejos (por exemplo, oferecendo-lhes água mineral com gás, gelada, no momento que sentirem a sede). Isso encanta os clientes, gerando o necessário valor que se agrega à imagem do prestador do serviço.

Podemos afirmar que, nos serviços baseados em pessoas, existe um "triângulo dos serviços", que deve ser a fonte do desenho dos serviços que a organização pretende oferecer aos clientes, conforme percebemos na figura a seguir.

Figura 3.1 – Tríade dos serviços baseados em pessoas

A figura anteriormente exposta demonstra que os clientes devem estar no topo das preocupações da gerência de serviços e, na base, deve estar a estrutura organizacional de suporte ao serviço e as pessoas que prestarão tais serviços. Quando o cliente está no topo da pirâmide, a organização deve fazer tudo que estiver ao seu alcance para oferecer serviços que satisfaçam suas necessidades e seus desejos, de forma a encantá-lo, uma vez que os clientes são sempre a razão de ser das organizações. Cabe à gerência de serviços ser o elo que estabelece a ligação, funcionando como um intérprete entre as necessidades/desejos, os clientes/usuários e a organização como um todo.

Questão para reflexão

Quando um passageiro embarca em um voo da TAM, por exemplo, este pode solicitar um travesseiro à equipe de bordo e um fone de ouvido para viajar ouvindo música e descansando. Essa é uma forma encontrada pela companhia para tangibilizar o serviço? Por quê?

Para compreendermos os impactos dos serviços sobre os clientes, podemos apresentar uma pesquisa na qual buscamos a identificação das concepções dos clientes sobre a questão da qualidade. Na pesquisa, podemos observar alguns aspectos a serem considerados para a superação das expectativas dos clientes/usuários, conforme texto a seguir.

- Partir das concepções de qualidade do cliente/usuário (aliando-se a elas, não indo contra). Trata-se de buscar conhecer as metas do cliente/usuário, buscando satisfazê-las, separando-as das metas da organização. Devemos lembrar que ele possui seus próprios conceitos de qualidade e a organização que ousar desafiá-los certamente enfrentará dificuldades.
- Introduzir a visão de cliente, ou seja, agir de forma a atingir também os potenciais clientes ou usuários do serviço da empresa. Nos anos 1960, a visão era a de satisfazer às necessidades dos clientes. Sem dúvida, essa visão continua válida, porém, também devemos dar atenção às preferências, aos gostos e às conveniências do cliente, ou seja, devemos dar um atendimento integral ao cliente, sob a ótica dele, não da organização.

- Buscar suprir o serviço de características tais que o diferenciem em relação aos serviços concorrentes ou similares. Conforme Lemos e Salvador (1997), é necessário criar "prodiços" (produto + serviços) em que se busque formas de se tangibilizar o serviço e, ainda, os serviços agregados ao produto físico representem um "algo mais" para o cliente, encantando-o. É necessário que se crie um novo conceito do que faz a organização, a qualidade deve ser vista como política e norma de funcionamento.
- Proporcionar **soluções** em vez de serviços (as pessoas compram a solução para seu divertimento, por exemplo, não um filme). As empresas devem possuir uma visão estratégica, tendo em mente que o consumidor sempre sabe o que quer, mas, na maioria das vezes, ele também quer o que não sabe (Paladini, 1997).
- Construir relações de confiança com consumidores, clientes/usuários e com a comunidade que a organização serve. A postura estratégica é a de que a organização deve minimizar toda e qualquer perda eventualmente imposta à sociedade, seja através de seu processo produtivo, de suas matérias-primas, embalagens, logística reversa etc. O ideal é que o produto/serviço da empresa não venha a causar danos à sociedade como um todo;
- Ter mais amor aos clientes/usuários e menos amor aos serviços. Trata-se de um posicionamento estratégico claro: os serviços podem ser substituídos, renovados, alterados para atenderem aos consumidores. Porém, consumidores não são facilmente substituídos, renovados ou alterados para comprarem os serviços da empresa.

Fonte: Adaptado de Razzolini Filho, 1999.

Os impactos que os serviços geram sobre os clientes/usuários são sempre de natureza psicossocial (além de econômicos). Precisamos considerar que os clientes usuários querem, em síntese, ser bem tratados pela organização que os atende. Isso significa que a organização deve compreender o comportamento desses clientes/usuários de forma a atendê-los em sua plenitude.

Caso a organização consiga atender aos seis quesitos anteriormente relacionados, com certeza ela terá minimizado (ou até mesmo eliminado) os impactos negativos que incidem sobre os clientes/usuários. Minimizando, ou eliminando, impactos negativos, a organização satisfaz seus clientes/usuários, podendo até mesmo conseguir sua fidelidade. Esse processo é representado na figura a seguir.

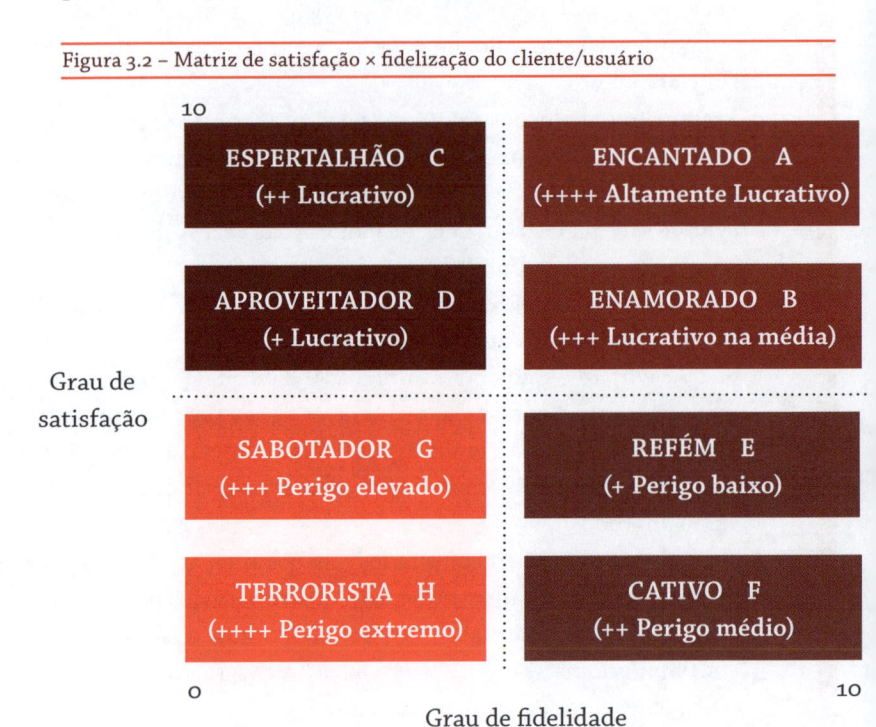

Figura 3.2 – Matriz de satisfação × fidelização do cliente/usuário

Grau de satisfação		
10		
	ESPERTALHÃO C (++ Lucrativo)	ENCANTADO A (++++ Altamente Lucrativo)
	APROVEITADOR D (+ Lucrativo)	ENAMORADO B (+++ Lucrativo na média)
	SABOTADOR G (+++ Perigo elevado)	REFÉM E (+ Perigo baixo)
	TERRORISTA H (++++ Perigo extremo)	CATIVO F (++ Perigo médio)
0	Grau de fidelidade	10

Fonte: Adaptado de Razzolini Filho, 1999.

A figura anteriormente demonstrada nos permite perceber que os clientes com um elevado grau de satisfação são aqueles que podem ser mais fiéis à organização. A linha tracejada indica que clientes com um grau baixo de satisfação (menor que cinco) são clientes que podem representar problemas para a organização, uma vez que clientes insatisfeitos são difíceis (se não impossíveis) de serem fidelizados.

Questão para reflexão

Imagine que você foi a uma determinada loja uma vez e ficou muito satisfeito com o serviço de atendimento recebido. Voltou à mesma loja e foi novamente muito bem atendido. Podemos afirmar que seu grau de satisfação com o serviço oferecido é elevado, certo? Caso você continue voltando sempre à mesma loja, podemos afirmar que essa loja conseguiu sua fidelidade. Porém, como você se "enamoraria" ou se "encantaria" com a loja?

Sucessivamente, de A até H, a lucratividade da organização pode diminuir de forma significativa, enquanto que o risco de deterioração no relacionamento aumenta constantemente. Os clientes A – os encantados – são aqueles clientes cujo serviço prestado pela organização conseguiu oferecer benefícios que superaram todas as suas expectativas desses clientes/usuários, fidelizando-os, uma vez que o grau de satisfação desses consumidores também é extremamente elevado.

Os clientes B – enamorados – são aqueles com um elevado grau de fidelidade, uma vez que o seu grau de satisfação também é alto (embora não tanto quanto dos clientes encantados). Por sua vez, os clientes C – espertalhões – representam um problema para a organização, que deve buscar entender que a fidelidade desse consumidor é baixa, a despeito da certeza por parte da organização de ter oferecido um serviço satisfatório. Muito provavelmente, esses clientes são oportunistas, que somente utilizam os serviços da organização por serem bons, mas que não se tornam fiéis pelo fato de seu critério de decisão ser exclusivamente baseado no preço, por exemplo. Os clientes D – aproveitadores – são reconhecidamente clientes que não são fiéis à organização e somente aproveitam oportunidades ocasionais.

Por sua vez, os clientes do quadrante inferior, de médio para baixo grau de satisfação, representam um desafio para as organizações, uma vez que elas necessitam reverter o quadro de insatisfação por parte dos clientes/usuários, fazendo com que esses consumidores passem para o quadrante superior. O caminho a seguir consiste em aplicar os seis aspectos relacionados no texto de Razzolini Filho (1999) apresentado anteriormente, visando melhorar a satisfação desses clientes e, ainda, conquistar sua fidelidade.

O cliente E – refém – é um potencial candidato a passar para o quadrante superior, uma vez que ele apresenta um grau de satisfação que pode ser rapidamente aumentado; sua fidelidade é elevada (daí o termo *refém*). O cliente F – cativo – embora tenha um grau de fidelidade alto, não está nada satisfeito com a organização, por isso está cativo; provavelmente, ele mantém relacionamento com a organização por falta (ou desconhecimento) de outras opções.

O cliente G – sabotador – é um cliente que tem pequeno grau de satisfação e baixa fidelidade, sendo aquele que vai sempre falar mal da organização para o seu círculo de amizades. Finalmente, o cliente H – terrorista – representa o maior perigo, uma vez que estará sempre procurando boicotar a organização em seu círculo de amizades, profissional e em qualquer lugar onde se encontre.

Como podemos perceber, os impactos sobre os clientes/usuários são variáveis de pessoa para pessoa, resultando em diferentes tipos de clientes, com comportamentos também diferenciados. Porém, podemos concluir que os parâmetros competitivos são importantes fatores de impacto sobre os consumidores, pois, para os serviços, a qualidade é o parâmetro mais relevante. Assim, na próxima seção vamos discorrer sobre a questão da qualidade.

3.2 O QUE É QUALIDADE?

Persistimos mais uma vez em afirmar que a qualidade é essencial para o sucesso em serviços. Segundo Desatnick e Detzel (1995, p. 4),

> a qualidade nos serviços deve ser a meta principal de toda organização, bem como sua mais importante estratégia de marketing, porque ela é o segredo para a sobrevivência [...]. Serviços superiores irão aumentar vendas e participação de mercado, bem como reduzir custos.

Uma vez que entendemos a qualidade como o parâmetro competitivo mais significativo para os serviços, precisamos compreender o que é a qualidade. Segundo um dos mais importantes autores da área, Joseph Juran, "qualidade é adequação ao uso" (Juran, 1990). Porém, definir qualidade é sempre uma tarefa difícil. Segundo Razzolini Filho e Zarpelon (2005, p. 158),

> o conceito de qualidade não é imutável, evoluindo de acordo com os novos conceitos empregados na gestão das organizações. Deve-se observar também que a "qualidade" passa a assumir uma abrangência sistêmica, sendo um conceito relativo, e não absoluto, ao contrário dos conceitos simplistas que eram empregados nos primeiros estudos em relação ao assunto.

Como podemos perceber, segundo os autores citados anteriormente, o conceito de qualidade é dinâmico e varia conforme cada organização. Portanto, para nossas finalidades, vamos ficar com o conceito de Juran (1990), uma vez que é um conceito simples e objetivo, assim como deve ser a qualidade, sobretudo em serviços.

Ao desenhar um padrão de qualidade, a organização deve sempre considerar que é necessário um processo que seja eficiente e que apresente uma relação custo-benefício favorável à organização. Segundo Johnston e Clark (2002, p. 229),

> ao avaliar e desenhar processos de serviços do ponto de vista do que está sendo processado, seja o próprio cliente, um arquivo ou informações, como um pedido de empréstimo, podemos expor os problemas de interface para tentar fornecer não apenas um serviço ininterrupto para o cliente, mas um processo mais eficiente e de melhor custo-benefício para a organização. O objetivo do bom desenho do serviço é oferecer um processo eficiente, de uma perspectiva das operações, e um serviço ininterrupto para o cliente.

Assim, no desenho dos processos de serviço e definição dos padrões de qualidade, é fundamental sempre percebermos a perspectiva do cliente (suas expectativas em relação ao serviço), compreendendo todo o processo do serviço. Muitas vezes, as organizações, na ânsia pelo crescimento, vão acrescentando clientes e novos serviços ao seu portfólio de tal forma que acabam por perder contato com a base de clientes existentes. Ou seja, nessa busca pelo crescimento, as organizações absorvem mais clientes do que a capacidade de atendê-los de forma percebida como satisfatória (no mínimo). Assim, acabam por perder parte dos seus clientes existentes para os concorrentes.

Isso nos leva a concluir que é preciso implantar programas de melhoria contínua da qualidade, bem como buscar permanentemente aumentos de produtividade dos serviços, assunto sobre o qual trataremos na próxima seção.

3.2.1 Melhorando a qualidade e a produtividade dos serviços

Com base na filosofia de produção japonesa, que tem como diretriz a ênfase na melhoria contínua de processos produtivos, podemos perceber o quão fundamental mostra ser essa iniciativa para o fortalecimento da competitividade organizacional. Segundo Fitzsimmons e Fitzsimmons (2005, p. 416),

> aproximadamente 70% do produto nacional bruto das nações-líderes da economia mundial são gerados pelo setor de serviços; assim, é imperativa uma ética da melhoria da produtividade em serviços para garantir a prosperidade futura.

Produtividade, em uma forma simples de compreendê-la, significa "fazer mais com menos" ou, ainda, "fazer mais com os mesmos recursos". Popularmente, dizemos que aumentar a produtividade, no primeiro caso, equivaleria a "tirar leite de pedra". Tecnicamente, definimos produtividade como uma medição da eficiência econômica que demonstra como os recursos à disposição das organizações são transformados em produtos/serviços. Razzolini Filho e Zarpelon (2005, p. 156) sintetizam *produtividade* como "a indicação do grau de aproveitamento dos recursos produtivos".

Diante do exposto, podemos resumir o conceito de produtividade na fórmula a seguir:

$$\text{Produtividade} = \frac{\text{Saída}}{\text{Entrada}}$$

Onde: *Saída* é o resultado obtido ao final do processo. É aquilo que a organização produz. *Entrada*, por sua vez, é o recurso (ou a soma dos recursos) utilizado no processo. É aquilo que a organização consome para produzir.

> Importante diferenciarmos *produção* de *produtividade*. Vejamos: se um funcionário atende 10 clientes por hora, temos uma medida de produção (1:10), com uma produtividade igual a 10 (10/1 = 10). Se colocarmos mais um funcionário e passarmos a atender 20 cliente por hora, teremos um aumento de produção (2:20), sem aumento de produtividade (10/2 = 10). Porém, se os dois funcionários passarem a atender 22 clientes, teremos um aumento de dez por cento 10% na capacidade produtiva (22/2 = 11). Isso é produtividade!

Voltando à questão da melhoria da qualidade e da produtividade em serviços, quando as organizações melhoram seus níveis de qualidade, a consequência é o aumento de produtividade.

Assim, podemos concluir que aumentar a produtividade em serviços não é uma iniciativa importante, mas necessária para as organizações empresariais, sendo fundamental também para os países e, por extensão, para os habitantes desses países. Melhorar a qualidade, portanto, é a forma que se encontra para melhorar a produtividade dos serviços. Segundo Paranhos Filho (2007, p. 113),

> A atividade de aperfeiçoamento da qualidade não pode ser pontual, deve ser sempre um esforço sistêmico, ou seja, deve seguir um modelo geral de melhoria que compreende:
>
> - O *estabelecimento* de padrões para o processo, o serviço[3] e os custos;
> - A *avaliação* da conformidade do serviço contra os padrões estabelecidos;
> - O *agir*, quando for necessário corrigir os desvios do padrão, os problemas e principalmente as causas;
> - O *planejar* para o melhoramento, que significa desenvolver um esforço contínuo para melhorar os padrões de custo, de processo, de desempenho, de segurança e de confiabilidade do serviço. [grifo do original]

[3] O autor utiliza a palavra *produto*. Para adequar esse trecho aos objetivos deste livro, essa palavra foi substituída por *serviço*, o que não invalida a ideia de melhoria proposta pelo autor.

Portanto, segundo nos ensina Paranhos Filho (2007), devemos vislumbrar o aperfeiçoamento da qualidade sempre como um esforço sistêmico e contínuo. Por isso é que falhamos na melhoria contínua da qualidade. Ou seja, quando falamos em aumento de produtividade dos serviços, é fundamental associarmos essa questão à melhoria da qualidade, que, como vimos, deve ser um processo dinâmico, porque o mercado assim o é, exigindo que as organizações façam adaptações em seus serviços de forma permanente, para atender às mudanças nas demandas dos clientes. Dinamismo exige continuidade, ou seja, se não for um processo permanente, ocorrem dissoluções de continuidade, fazendo com que os serviços oferecidos sejam afetados com as consequentes quedas de produtividade que daí advém.

Questão para reflexão

Quando as organizações iniciam processos de aumento de produtividade, isso significa que ocorrerá redução da mão de obra empregada nos processos? Justifique sua resposta.

Voltando aos ensinamentos de Paranhos Filho (2007), o primeiro passo para conseguirmos o aperfeiçoamento da qualidade é **estabelecer padrões** para os serviços. Quando existem padrões, existe a viabilidade de criarmos mecanismos de controle para garantirmos que padrões sejam atingidos. Sabemos que tal tarefa é difícil em se tratando serviços, pela sua intangibilidade. Porém, é necessário que os serviços tenham o máximo de uniformidade possível, para permitir sua padronização. Uma das alternativas para conseguirmos a padronização consiste em agregarmos tecnologia aos processos de serviços, como as máquinas de autoatendimento nos bancos, os serviços automatizados de telefonia (que são alvo de muitas críticas...), marcação de assentos em voos pela internet etc.

Porém, não basta estabelecermos padrões. Precisamos dar o segundo passo do aperfeiçoamento da qualidade, que consiste em avaliar a conformidade dos serviços em relação aos padrões para identificar eventuais desvios em relação ao que foi estabelecido como qualidade satisfatória (ver Figura 3.2). Como fazer isso? Simples: perguntando aos clientes (o que significa **ouvir** os clientes). Muitas organizações simplesmente escutam os clientes. Ora, *escutar* significa "[...] ficar atento para ouvir[...]". *Ouvir*, por sua vez, significa "[...]perceber (som palavra) pelo sentido da audição[...]" (Houaiss; Villar; Franco, 2009). Assim, precisamos ouvir os clientes para entendermos o que eles necessitam ou desejam. As ouvidorias não devem existir simplesmente para "escutar" os clientes, como que para "dar uma satisfação organizacional" às suas queixas. Precisamos tomar providências para corrigirmos os desvios de rota.

Isso significa assumir o terceiro passo do processo de melhoria: **agir** para corrigir os desvios, identificando os problemas e principalmente as causas geradoras dos problemas. Sem uma disposição concreta para agirmos e consequentemente melhorarmos um serviço, é melhor nem estabelecermos padrões para não criarmos expectativas e assumirmos o fato, assumindo que os clientes irão embora de braços dados com a concorrência.

Para Fitzsimmons e Fitzsimmons (2005, p. 146),

> em serviços, a avaliação da qualidade surge ao longo do processo de prestação do serviço. Cada contato com um cliente é referido como sendo um momento de verdade, uma oportunidade de satisfazer ou não ao cliente. A satisfação do cliente com a qualidade do serviço pode ser definida pela comparação da percepção do serviço prestado com as expectativas do serviço desejado. Quando se excedem as expectativas, o serviço é percebido como de qualidade excepcional, e também como uma agradável surpresa. Quando, no entanto, não se atende às expectativas, a qualidade do serviço passa a ser vista como inaceitável. Quando se confirmam as expectativas pela percepção do serviço, a qualidade é satisfatória.

O conceito de avaliação da qualidade proposto pelos autores citados anteriormente nos permite concluir que existe um *continuum* entre o serviço oferecido pela organização e a percepção dos clientes em relação a esse serviço, por meio do grau com que o serviço atende às expectativas dos clientes. Isso fica mais claro na figura a seguir.

Figura 3.3 – Relação entre serviço prestado e expectativa dos clientes

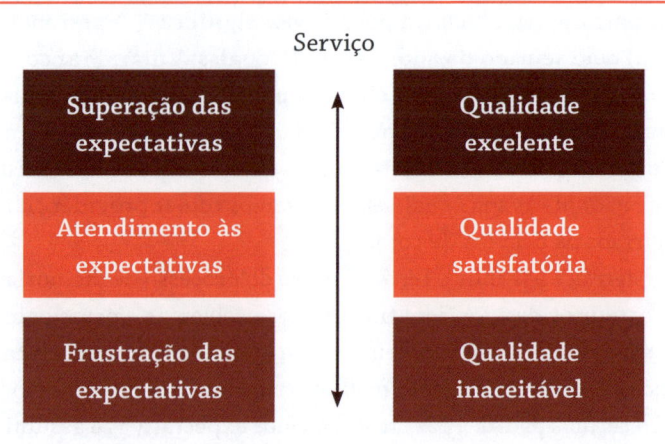

Serviço

Superação das expectativas	Qualidade excelente
Atendimento às expectativas	Qualidade satisfatória
Frustração das expectativas	Qualidade inaceitável

A figura anteriormente demonstrada nos leva a concluir que a qualidade está intimamente relacionada com as expectativas dos clientes em relação ao serviço que recebem da organização. Assim, é necessário termos uma definição clara de qual é a expectativa do cliente em relação ao serviço da organização, visando oferecer-lhe elevados níveis de satisfação de suas expectativas.

A esse respeito, Paladini (1997, p. 21) estabelece uma distinção clara entre bens tangíveis (produtos) e intangíveis (serviços e métodos), afirmando ser "mais fácil analisar o nível de satisfação do cliente em produtos tangíveis do que em serviços e métodos". Além disso, o autor afirma que, em termos de avaliação da qualidade, existem dois tipos de serviços: **serviços de suporte ao produto** e **serviços de suporte ao cliente**.

Os serviços de suporte ao produto incluem informações relativas ao uso do produto (ex.: manuais), instalação, garantias etc. Em outras palavras, são serviços que compõem a qualidade do produto.

Por sua vez, os serviços de suporte ao cliente são os relativos às facilidades diretas que a organização disponibiliza aos clientes/usuários em termos de atendimento às ações que eles demandam. São serviços relacionados à qualidade do serviço. Paladini (1997) ressalta, ainda, que mudanças no perfil de atendimento da organização podem provocar mudanças na formulação do seu modelo de qualidade, sendo necessário mudar o padrão de qualidade sempre que isso ocorrer.

Questão para reflexão

Quando você necessita enviar um produto para a assistência técnica, por qualquer motivo, você está usando um serviço de suporte ao produto ou de suporte ao cliente? Justifique sua resposta.

Por fim, melhoria da qualidade para aumento da produtividade implica um processo de **planejamento** contínuo para melhorar os padrões. Daí porque o ciclo PDCA é uma das ferramentas da qualidade, conforme veremos no próximo item. No texto apresentado a seguir, podemos observar alguns exemplos de melhoria da qualidade e produtividade, com suporte de tecnologia.

Mobilidade & logística: melhoria em produtividade e qualidade de serviço

As questões de mobilidade estão cada vez mais interligadas com a otimização dos processos logísticos. Com os avanços tecnológicos que proporcionam uma maior portabilidade de equipamentos, bem como a possibilidade de ter estes a custos mais acessíveis, vem possibilitando uma revolução em vários processos logísticos, possibilitando assim uma maior qualidade do serviço prestado bem como uma redução de custos operacionais. Um bom exemplo desta revolução vem acontecendo com as empresas responsáveis pelos serviços de fornecimento de água, luz e gás, onde os "antigos" marcadores de consumo deixaram de usar lápis e papel e passaram a usar *handhelds* tal qual os executivos destas organizações. Segundo matéria publicada na edição 457 do jornal Computerworld, a Companhia de Saneamento Básico do Estado de São Paulo (Sabesp), por exemplo, iniciou em 1999 um projeto que acabava com a redigitação das anotações do leiturista do relógio de água e reduzia para segundos o prazo de nove dias para a emissão das contas, o TACE. "O funcionário passou a carregar um coletor que era ligado por cabo a uma impressora portátil que emitia as contas na hora".

As distribuidoras de gás já estão com soluções wireless integradas aos seus sistemas de gestão. A pioneira foi a Liquigás, que iniciou seu projeto de automação de caminhões de gás a granel em 2001 e atualmente possui uma base de 190 aparelhos em uso nos Estados do Rio Grande do Sul, Paraná e na cidade de São Paulo, todos integrados ao SAP R/3.

No Rio de Janeiro, a Cedae – Companhia Estadual de Água e Esgoto – também se utiliza desta nova tecnologia. Ao chegar a sua residência, o "marcador" faz a leitura (digital) do hidrômetro e automaticamente a conta é emitida e entregue ao usuário no mesmo instante, eliminando assim operações de digitação, conferência e estrutura de entrega. Esta operação possibilita ainda que o usuário faça uma conferência no momento em que o funcionário está na sua residência, tire dúvidas sobre a empresa e outras questões. Bem, como podemos ver nos exemplos [...], as questões relacionadas à mobilidade vêm proporcionando inúmeros benefícios para as empresas, conseguindo assim uma melhoria na qualidade dos serviços ofertados, bem como uma racionalização em seus processos logísticos.

Acredito que esta é uma tendência possibilitará aos profissionais de logística um campo recheado se oportunidades e desafios, e sendo assim, devemos estar atentos a estas possibilidades.

Fonte: Meirim, 2006.

Como podemos observar nos exemplos das empresas de gás, eletricidade e saneamento, os processos de prestação de serviços passaram a contar com recursos de tecnologia da informação que permitem, simultaneamente, melhorias dos padrões de qualidade e aumentos de produtividade. Tal situação é excelente, pois permite satisfazer a demanda dos clientes e, ao mesmo tempo, a necessidade da organização em termos de resultados.

Uma forma segura de conseguirmos aumentos de produtividade e de qualidade consiste em contarmos com o envolvimento dos clientes no processo de produção do serviço, influenciando tais processos. Assim, os clientes passam a ser encarados como coprodutores do serviço e, com isso, sentem-se partícipes dos processos, tendendo a avaliá-los de uma maneira melhor e, ainda, melhorando a produtividade da organização, uma vez que são eles que executam os serviços (ou coexecutam). Segundo Lovelock e Wright (2001, p. 71), o gerenciamento dos clientes deve acontecer da maneira como a organização gerencia seus próprios recursos humanos, seguindo os seguintes passos:

- Realizar uma análise de cargo dos papéis atuais dos clientes no negócio e compará-los aos papéis que a empresa gostaria que eles desempenhassem.
- Determinar se os clientes estão cientes de como se espera que eles desempenhem e das habilidades que lhes são requeridas.
- Motivar os clientes por meio da garantia de que serão recompensados por bom desempenho (ex.: com satisfação por melhor qualidade e resultado mais personalizado, prazer de participar no processo concreto ou crença de que sua própria produtividade agiliza o processo e mantém baixos os custos).
- Avaliar regularmente o desempenho dos clientes. Se este for insatisfatório, tentar mudar seus papéis e os procedimentos nos quais eles estão envolvidos. Outra alternativa consiste em "rescindir" com esses clientes (delicadamente, é claro!) e procurar novos clientes.

Como vimos, é essencial que a organização consiga melhorar permanentemente a qualidade dos seus serviços e, com isso, incrementar a produtividade. Para tanto, é necessário utilizar de ferramentas que permitam conseguir tal resultado, sobre o que discorreremos na continuação.

3.2.2 Ferramentas da qualidade

Não pretendemos aqui detalhar o funcionamento das chamadas *ferramentas da qualidade*. Apenas vamos apresentá-las para que os interessados possam se aprofundar no assunto conforme sua conveniência e/ou necessidade. Para Razzolini Filho e Zarpelon (2005, p. 78), as ferramentas da qualidade são "ferramentas de gestão [...] desenvolvidas para auxiliar nos processos decisórios, de **melhoria contínua**, e inúmeros outros fatores dentro das organizações" [grifos do autor].

Existem sete ferramentas tradicionais da qualidade, que podem ser assim resumidas:

- gráficos de controle;
- diagrama de causa e efeito;
- gráfico de Pareto;
- fluxogramas.

Vejamos um breve comentário sobre cada uma dessas ferramentas, de acordo com Paladini (2007) e Paranhos Filho (2007).

- **Gráficos de controle**: Também chamados de *cartas de controle* do processo, são gráficos que foram desenvolvidos por Shewhart, na década de 1920, com a finalidade de acompanhar variações em processos. Trata-se de modelos que estabelecem limites superiores e inferiores dentro dos quais as medidas estatísticas relativas a uma determinada população são plotadas, apresentando um gráfico com a distribuição estatística desses resultados (curva de Gauss). Essa ferramenta é importante por fornecer ao gerente de serviços a tendência do processo.
- **Diagrama de causa e efeito**: Mais conhecido como *diagrama* de *Ishikawa* (seu criador) ou como *gráfico espinha de peixe* (pelo seu formato), consiste em uma ferramenta voltada para a análise de processos, uma vez que separa as causas do efeito indesejado no processo (o problema). O seu formato lembra uma espinha de peixe, na qual a linha principal apresenta um fluxo de informações (apontando para um problema), e as espinhas representam os efeitos geradores da causa ou problema (problemas secundários ou efeitos). Assim, o diagrama permite visualizarmos a relação entre as causas e os efeitos resultantes.
- **Gráfico de Pareto**: Assim denominado em razão dos estudos do economista italiano Vilfredo Pareto, que, no século XIX, identificou que uma pequena parcela da população detinha a maior parte da renda. A partir dessa analogia, Juran (1990) utilizou o mesmo princípio para demonstrar que os principais problemas relacionados com a qualidade são derivados de um número pequeno de causas. Assim, os gráficos de Pareto passaram a ser utilizados para classificar causas que agem em um determinado processo, conforme seu grau de importância. Ao utilizar essa ferramenta, o gerente de serviços consegue perceber que alguns poucos itens são fundamentais para a qualidade dos serviços, enquanto muitos outros são comuns e, com isso, ele pode priorizar a solução daqueles poucos fatores que geram a maior parte dos problemas.

❖ **Fluxogramas**: São representações gráficas dos fluxos. Ou seja, são representações construídas a partir de uma determinada simbologia padrão, que demonstram como funciona um processo (suas diferentes etapas). É um instrumento que permite visualizar rapidamente o funcionamento de um processo e, com isso, identificar pontos nos quais é possível melhorias serem realizadas. Geralmente, os fluxogramas são montados a partir de diagramas de processos, que são listas das fases de um processo, também com a utilização de simbologia adotada universalmente.

❖ **Histogramas**: Instrumento da estatística, utilizado para representação de dados, com o objetivo "de produzir, no investigador ou no público em geral, uma impressão mais rápida e viva do fenômeno em estudo, já que os gráficos falam mais rápido à compreensão que as séries" (Crespo, 1991, p. 38). A elaboração de tabelas tradicionais, com a representação de grande volume de dados, dificulta identificar corretamente a população de onde esses dados são extraídos. Assim, um histograma possibilita visualizar um padrão básico para a variação de uma massa de dados.

❖ **Folhas de verificação**: Também denominadas *folhas de checagem*, consistem em planilhas utilizadas para levantamento de dados de um determinado problema ou situação. Simplesmente contêm o registro de dados e são estruturadas a partir de necessidades específicas de seus usuários. Esses dados podem servir como base para a construção de um diagrama de causa e efeito ou um gráfico de Pareto. Pela sua simplicidade e facilidade de elaboração, utilização e interpretação (o simples ordenamento de dados relativos a uma situação ou problema pode facilitar sua compreensão), são extremamente flexíveis. Porém, uma folha de verificação, ou de checagem, não deve ser confundida com uma relação de itens a verificar (os populares *checklists*).

❖ **Diagramas de dispersão**: Também chamados de *diagramas de correlação*, são técnicas de elaboração de gráficos estatísticos usados para a análise de relações existentes (ou não) entre duas variáveis. Sempre que ocorre uma dispersão casuística (ao acaso), temos uma população normalmente distribuída (na linguagem da estatística), e a curva que representará essa população será uma curva chamada de *curva normal* ou *curva de Gauss* (aquela que assume a forma de um sino). Para sua elaboração, utiliza-se um sistema de coordenadas cartesianas, em que a variável dependente é a que faz a predição, e a variável independente é aquela a ser predita. No espaço entre os dois eixos cartesianos (x e y), surgirão as possíveis relações entre as variáveis.

Questão para reflexão

Será que realmente o simples fato de relacionarmos problemas em uma folha pode nos ajudar a resolver problemas? Justifique sua resposta.

Além dessas ferramentas, existem outras que objetivam otimização de processos, sendo denominadas por alguns autores como *novas ferramentas da qualidade*. Por exemplo: segundo Paladini (1997, p. 77), essas ferramentas são:

- diagrama-matriz;
- matriz de análise de dados;
- diagrama seta;
- diagrama de dependência;
- diagrama árvore;
- diagrama de similaridade;
- diagrama de programação da decisão.

Não vamos detalhar o significado e a aplicação de cada uma dessas novas ferramentas. Apenas destacamos sua existência e afirmamos que tais ferramentas devem ser utilizadas de forma criteriosa, otimizando inclusive a forma como se analisam os processos, a forma como as soluções para os problemas observados são definidas, como se aplicam às soluções encontradas e, ainda, a maneira como se avaliam os resultados obtidos.

Com a utilização dessas ferramentas da qualidade, entre outras ferramentas de gestão, o gerente de serviços pode realizar análises que permitam melhorar continuamente a qualidade dos serviços e, ainda, aumentar sua produtividade. Assim, recomendamos que o gerente de serviços faça uso frequente dessas ferramentas, conforme suas preferências pessoais e/ou necessidades demandadas pelo processo de serviços em análise.

Um dos aspectos que permitem melhorias na qualidade é a existência de sistemas de avaliação de desempenho. Sem avaliarmos permanentemente o desempenho da qualidade dos serviços que são oferecidos aos clientes, é muito difícil conseguirmos melhoria contínua da qualidade. Assim, na próxima seção, vamos tratar da questão da avaliação da qualidade dos serviços.

3.2.3 Avaliando a qualidade dos serviços

Como todo e qualquer subsistema, processo ou atividade organizacional, também a qualidade deve ser avaliada, uma vez que não obtemos melhorias sem avaliação. Para Paladini (2007, p. 13-14), não basta produzirmos qualidade; é importante desenvolvermos formas corretas para avaliá-la, uma vez que, essencialmente, "qualidade é um conceito dinâmico e relativo".

Segundo o mesmo autor, esse dinamismo remete a um conceito que se submete a constantes alterações e, por isso, a avaliação determina se a organização está evoluindo (ou não) ao longo desse processo de mudanças, se a organização está realmente desenvolvendo seu empenho "no correto direcionamento, visando, por exemplo, a um atendimento mais ajustado às necessidades, aos desejos ou às expectativas de nosso consumidor" (Paladini, 2007, p. 14).

Sob a perspectiva relativa, entendemos a qualidade como um conceito que precisa ser permanentemente comparado com um padrão de referência (ex.: com o que está sendo oferecido, no mercado, pela concorrência). Com isso, a avaliação determinará se a organização está próxima ou distante desses padrões de referência (a isso se denomina *benchmarking* – estabelecimento de comparações com organizações externas à organização, do mesmo ramo de negócio ou não ou, ainda, com unidades organizacionais que possam oferecer algum parâmetro de comparação por apresentarem algo que merece ser "copiado").

Das afirmações de Paladini (2007), podemos inferir que o processo de avaliação deve ser contínuo (permanente) para garantir que os serviços ofertados estejam sempre acompanhando o dinamismo existente no mercado e, com isso, não deixem espaços para que a concorrência possa ocupá-los. Além disso, o processo de avaliação da qualidade nos remete a um conceito importante da chamada *filosofia japonesa* – o conceito de melhoria contínua (ou *kaizen*, em japonês).

A melhoria contínua, segundo Razzolini Filho (2009, p. 189-190), tem origem em uma

> mentalidade de trabalho em grupo, compartilhamento de visão e valorização total do homem em todos os níveis da organização. Trata-se de mentalidade que proporciona o desenvolvimento pleno do potencial das pessoas, conseguindo, com isso, comprometimento de todos os participantes do processo, através da descentralização do processo decisório, transparência e honestidade nas ações.

Ou seja, os mecanismos de melhoria implicam o envolvimento pleno dos recursos humanos da organização, por meio do seu desenvolvimento e comprometimento, na criação de uma cultura de serviços. Essa cultura de serviços deve estar inserida no conceito mais amplo de filosofia de serviços, que deve permear toda a organização, desde o início do processo de planejamento estratégico.

Questão para reflexão

Melhorar a qualidade dos recursos humanos pode melhorar a qualidade dos serviços da organização? Justifique sua resposta.

Além disso, está claro que a melhoria da qualidade implica a descentralização do processo decisório para que as decisões sejam tomadas *in loco* (ou seja, no local onde acontecem as coisas, durante o processo de prestação de serviços). Também exige que ocorra transparência no ato de prestação dos serviços e que a relação cliente-fornecedor seja honesta (nunca devemos prometer o que não podemos cumprir, por exemplo).

A avaliação da qualidade dos serviços é decorrência da maneira como os clientes percebem os serviços (rever a Figura 3.2), uma vez que sua percepção dos serviços resultará na avaliação da qualidade (que será sempre percebida).

Quando os clientes percebem os serviços como superiores em relação ao que esperavam (sua expectativa), estes serão avaliados como de qualidade superior. À medida que os serviços diminuem a satisfação dos clientes, passam a ser percebidos como satisfatórios (atendem às expectativas) ou mesmo insatisfatórios (qualidade percebida como insuficiente).

Para construirmos relacionamentos de confiança, é preciso demonstrarmos um real compromisso com o cliente. E compromisso com o cliente se constrói baseado no comportamento das pessoas.

> No período em que escrevi este livro, tive uma experiência desagradável com minha prestadora de serviços de telefonia, que ajuda a explicar esse aspecto. Por isso, deixem-me contar-lhes esta história.
>
> Em um curto espaço de tempo, fiquei com minhas duas linhas de telefonia fixa completamente mudas por mais de uma vez. Isso significou falta de acesso à internet e de comunicação com pessoas que tentavam ligar para mim (eu conseguia ligar para as pessoas com quem desejava falar, usando o telefone móvel). Assim, tive de solicitar reparo para os telefones fixos, tendo de fazer duas ligações distintas: uma para cada linha telefônica, perdendo um tempo enorme. Embora saiba que esse é um procedimento determinado pela Agência Nacional de Telecomunicações (Anatel) às companhias telefônicas, fiquei irritado pelo fato do processo estar completamente automatizado e por eu não conseguir falar com pessoa alguma. Assim, resolvi ligar para a ouvidoria da agência e reclamar. Porém, como houve recente mudança na operadora do sistema, o telefone da ouvidoria havia mudado (uma gravação informou o novo número); liguei para o número informado e novamente uma gravação atendeu. Resolvi ligar para o serviço de informações que, novamente, forneceu o mesmo número. Liguei novamente e, embora a legislação afirme que a primeira opção seja o contato humano, tive de acompanhar um menu até conseguir o atendimento pessoal e, novamente, informar o protocolo de atendimento de cada serviço solicitado – a para cada linha – quando a pessoa que me atendeu conseguiu compreender o porquê da minha reclamação: várias vezes o mesmo problema em curto espaço de tempo. A atendente anotou minha reclamação e disse que seria encaminhada para o setor competente. Você, caro leitor, pode imaginar minha frustração com o serviço recebido? Pode perceber o impacto que sofri nessa relação de prestação de serviços?

Note que essa operadora de serviços de telefonia presta serviços de massa (ou seja, para grandes volumes de clientes) e, obviamente, não teria como contar com atendentes em número suficiente para atender prontamente todas as ligações que recebe. Assim, precisa suportar os serviços com recursos de tecnologia. Porém, como é um setor altamente regulado, a agência reguladora (Anatel), determina a utilização de um sistema único para todas as operadoras de telefonia. Esse sistema é ultrapassado e não apresenta um processo racional, com fluxos ágeis e humanizados. Portanto, mesmo que as operadoras tivessem intenção de melhorar seu relacionamento com os clientes (fato sobre o qual tenho minhas sinceras dúvidas), não teriam como fazê-lo.

Assim, o impacto sobre os clientes é bastante negativo. Esse fato pode ser facilmente comprovado pelo elevado número de reclamações registradas nos serviços de proteção ao consumidor (Procons), espalhados pelo país.

Podemos visualizar essas questões na figura a seguir, na qual se relacionam as expectativas, a satisfação do cliente e a qualidade percebida no serviço que recebem.

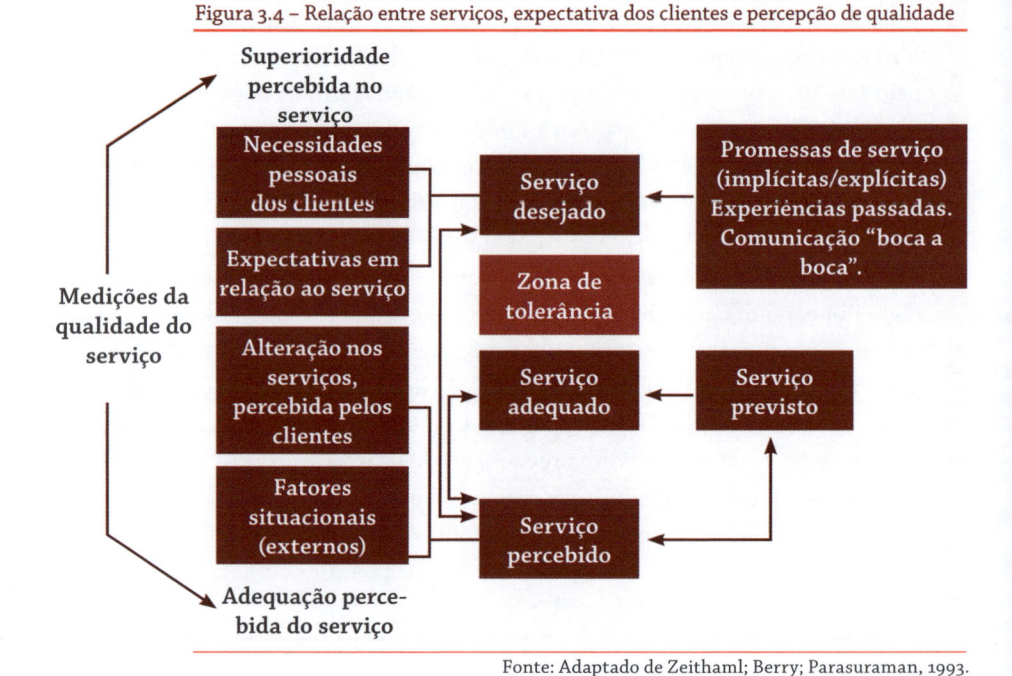

Figura 3.4 – Relação entre serviços, expectativa dos clientes e percepção de qualidade

Fonte: Adaptado de Zeithaml; Berry; Parasuraman, 1993.

A figura anteriormente demonstrada nos mostra que entre o serviço desejado, que é uma decorrência das promessas de serviço feitas pela organização, as experiências anteriores dos clientes, a comunicação "boca a boca" e o serviço adequado, aquele previsto pela organização, existe uma espécie de zona de tolerância na qual o serviço é percebido como aceitável pelos clientes.

Portanto, os mecanismos de avaliação da qualidade devem ser construídos (elaborados) a partir dessa relação existente entre os serviços, as expectativas dos clientes e a percepção de qualidade, da empresa e dos clientes.

Uma maneira simples de elaborarmos mecanismos de avaliação da qualidade são os questionários a serem respondidos pelos clientes, lembrando que esses instrumentos devem apenas conter questões realmente essenciais (ninguém gosta de "perder tempo" preenchendo pesquisas de satisfação). A gerência de serviços deve apresentar a sensibilidade necessária para mensurar aqueles pontos que realmente sejam relevantes para o aprimoramento contínuo da qualidade dos serviços.

Um dos modelos mais conhecidos para avaliação da qualidade em serviços é o Servqual – um modelo de falha da qualidade em serviços, elaborado por Zeithaml, Berry e Parasuraman (1993). Trata-se de um instrumento de pesquisa que contém questões que avaliam características da organização, dos funcionários e dos processos de serviços, em uma escala que varia desde "concordância total"= 7, até "discordância total" = 1, sem classificações textuais para os valores intermediários (de 2 a 6). A ferramenta consegue captar as múltiplas dimensões da qualidade em serviços (confiabilidade, responsabilidade, segurança, empatia e aspectos tangíveis).

Contudo, se a organização realmente tiver uma filosofia de serviços, refletida em uma cultura de serviços, certamente construirá mecanismos de avaliação da qualidade dos seus serviços que permitirão conquistar, e manter, clientes do tipo encantados e enamorados.

Síntese

Neste capítulo, apresentamos os conceitos mais relevantes para a qualidade nos serviços, iniciando com uma breve introdução sobre as dimensões com que a qualidade é percebida pelos clientes/usuários: confiabilidade; responsabilidade; segurança; empatia e tangibilidade. Quando a organização possui clareza em relação ao papel de cada uma dessas dimensões sobre os serviços que oferece a seus clientes, ela tem condições de desenhar processos de serviços que podem oferecer satisfação às necessidades, aos desejos e/ou às expectativas dos seus clientes.

Observamos que os clientes são impactados pelos serviços de diferentes formas, uma vez que suas necessidades, desejos e/ou expectativas também são diferentes. Como é uma tarefa muito difícil desenhar processos específicos para clientes individualmente (customização individualizada), precisamos compreender o comportamento médio dos clientes para oferecermos serviços customizados para grupos de clientes, uma vez que um dos principais aspectos do impacto dos serviços sobre os clientes é a confiança depositada por eles nos serviços da organização.

Concluímos a questão dos impactos dos serviços sobre os clientes/usuários apresentando um relação de alguns procedimentos importantes a serem seguidos pelas organizações que efetivamente desejam melhorar suas relações de confiança com os clientes, dentre os quais destacamos a oferta de "prodiços" e a postura de amar os clientes prioritariamente em relação aos próprios serviços da organização.

A partir desse ponto, passamos a apresentar o conceito de qualidade de serviços, assumindo que qualidade é adequação ao uso que se faz do serviço e que, por isso, está intimamente relacionado com a percepção que os clientes têm dos serviços que recebem. Essa percepção se relaciona às expectativas dos clientes, podendo gerar três níveis de qualidade percebida como adequada: excelente, satisfatória e inaceitável (ver Figura 3.2), conforme o nível de serviço prestado supere, atenda ou frustre as expectativas dos clientes, respectivamente.

Na sequência, vimos como é importante para as organizações, para os países e para os indivíduos que as organizações busquem melhorias na qualidade e na produtividade dos seus serviços. Entendemos a produtividade como uma relação entre entradas e saídas, diferenciando-a do conceito de produção. Entendemos que a melhoria da qualidade gera como consequência aumentos de produtividade em um ciclo virtuoso que pode elevar o nível de vida das pessoas e, ainda, melhorar a renda das organizações e dos países.

Apresentamos as ferramentas para a qualidade, que consistem em instrumentos, técnicas ou mecanismos de gerenciamento da qualidade, que permitem a sua melhoria contínua. Finalizamos o capítulo destacando a necessidade da avaliação da qualidade dos serviços, uma vez que os serviços são processos organizacionais que precisam de avaliação para assegurar melhoria contínua. Sem melhorar permanentemente a qualidade dos serviços oferecidos, a organização corre o risco de ser suplantada pela concorrência.

Resumindo, este capítulo tratou da questão da qualidade, de seus impactos sobre os clientes e do seu papel para melhorar continuadamente os serviços oferecidos aos clientes, a qualidade dos recursos humanos da organização e, ainda, aumentar a competitividade organizacional pela prestação de serviços que gerem clientes enamorados e encantados com os serviços que recebem.

Questões para revisão

1» Quais as dificuldades mais usuais encontradas nos processos de mensuração dos serviços?
2» O que a organização deve fazer para ofertar serviços com qualidade percebida pelos clientes/usuários?
3» Quando definimos qualidade de serviços como "adequação ao uso", qual é o elemento que a qualidade está priorizando?
4» De que forma o conceito de avaliação da qualidade pode ser entendido?
5» Por que é necessário avaliar a qualidade dos serviços?

Para saber mais

ARTIGOS.COM. Disponível em: <http://www.artigos.com>. Acesso em: 16 dez. 2009.

É um *site* no qual você encontra mais de 7 mil artigos, vários deles sobre qualidade em serviços.

MIYASHITA, M. **Como medir a qualidade dos serviços**. Disponível em: <http://www.administradores.com.br/artigos/como_medir_a_qualidade_dos_servicos/23763/>. Acesso em: 16 dez. 2009.

Trata-se de um excelente artigo que ressalta a importância de mensurarmos o nível de serviços oferecido aos clientes, como maneira de se garantir um serviço de qualidade e, ainda, aprimoramento constante.

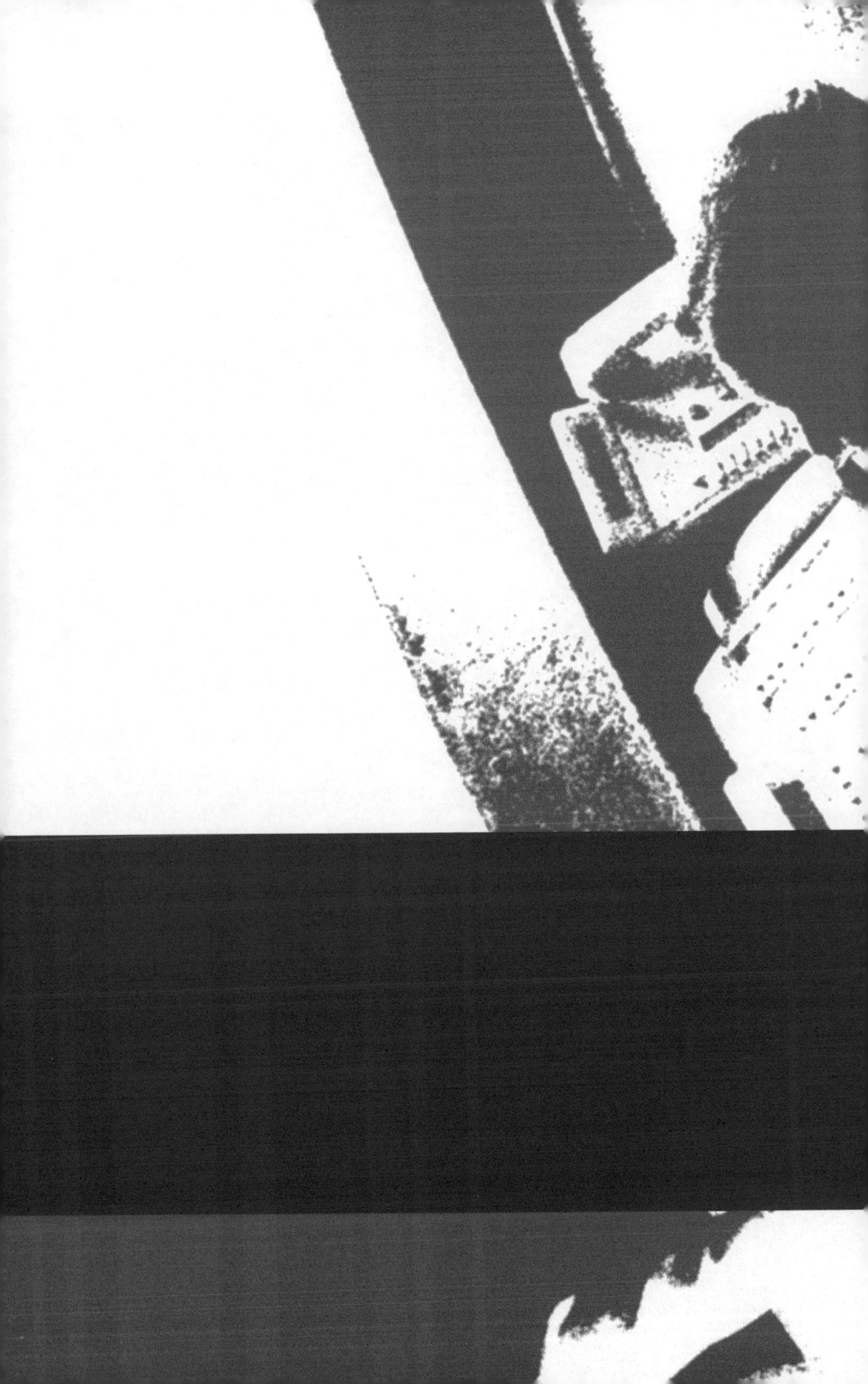

4
Planejamento gerencial em serviços

Conteúdos do capítulo:

- conceito de planejamento gerencial;
- conceitos de treinamento de serviços;
- definições de sistemas de informações gerenciais;
- definições de sistemas de informações de *marketing* (SIM);
- o papel dos SIM para o gerenciamento dos serviços;
- técnicas de atendimento ao público;
- testes de excelência dos serviços.

Após o estudo deste capítulo, você será capaz de:

- compreender o papel e importância do planejamento gerencial;
- compreender a relevância do treinamento de serviços;
- entender a contribuição dos sistemas de informações gerenciais;
- elaborar um sistemas de informações de *marketing* (SIM) simples;
- relacionar os SIM ao gerenciamento dos serviços;
- desenvolver técnicas de atendimento ao público;
- elaborar testes de excelência dos serviços.

Como qualquer plano, o planejamento de serviços deve definir a estratégia a seguir (sempre em consonância com a estratégia da organização), estabelecer os objetivos a serem atingidos e definir os planos para cada um dos serviços ofertados pela organização. Assim, o processo deve começar a partir da análise do ambiente que circunda a organização (interno e externo), visando identificar os aspectos a serem incorporados no planejamento, terminando com a elaboração do plano, que define o que deve ser feito, por quem, em que momento, qual o local da execução e, ainda, os custos para implementar o planejado.

Portanto, uma das principais atribuições da gerência de serviços consiste no planejamento dos serviços a serem prestados aos clientes/usuários. O gerente deve considerar os recursos que tem à sua disposição (analisando o ambiente interno da organização), estudar os serviços existentes no mercado (analisando o ambiente externo à organização), compreender a estratégia organizacional e os objetivos que deve atingir a partir dos serviços oferecidos, para então estabelecer como os serviços devem ser oferecidos e prestados aos clientes/usuários da organização.

A função de planejar nem sempre é bem compreendida pelas pessoas e, em muitas organizações, é relegada a um segundo plano. Muitas vezes é uma função "atropelada" pelo dia a dia. É fácil de percebermos tal fato em nosso próprio comportamento. Quantas vezes nossos compromissos diários nos impedem de executarmos aquilo que tínhamos estabelecido como objetivo para um determinado dia?

Porém, no ambiente organizacional, no qual a concorrência existe, sempre buscando os mesmos clientes que a gerência de serviços deve servir, é fundamental que tenhamos uma espécie de roteiro (plano) a ser seguido para atingirmos os objetivos de conquistar fatias de mercado (*share*), que possibilitarão à organização conseguir os resultados (lucros) que pretende obter. Assim, a tarefa de planejar os recursos para atingir os objetivos deve ser uma preocupação permanente na atividade gerencial.

Questão para reflexão

Muitas vezes, os acontecimentos se precipitam e, pela sua urgência, não permitem que sigamos um determinado plano previamente estabelecido. Isso é algo frequente nas organizações. Porém, será que não existem alternativas que solucionem os problemas advindos dessa situação?

É relevante compreendermos o que é o planejamento e quais são as suas implicações para o sucesso das organizações, assim como também é importante e necessário entendermos o papel do treinamento para o sucesso dos serviços, uma vez que os recursos humanos são fundamentais para sistemas de serviços suportados por pessoas (uma parcela significativa dos serviços possui essa configuração).

Também é importante entendermos que o suporte de informações para a tomada de decisões é oferecido por aquilo que se convencionou denominar como *sistemas de informações gerenciais*, que são sistemas suportados por recursos de tecnologia da informação, para garantir capacidade de processamento de grandes quantidades de dados. Dentro dos sistemas de informações gerenciais, encontramos um sistema específico para o *marketing*: o **sistema de informações de *marketing***, que é desenhado de forma a garantir que as informações necessárias para o processo de tomada de decisões em *marketing* estejam sempre organizadas de forma a atender às necessidades das diferentes gerências da área de *marketing*.

Os sistemas de informações de *marketing* se constituem a partir de um grande banco de dados, com informações pertinentes à área, e desempenham papel relevante à gerência de serviços, uma vez que permitem a obtenção de informações precisas sobre as características dos clientes. Para entendermos a relevância desse sistema de informações, basta imaginarmos uma situação em que um indivíduo irá se hospedar em um hotel no qual já esteve hospedado em outras ocasiões. Para a conveniência e o conforto do cliente, o atendimento se resume a uma simples conferência de seus dados cadastrais. O atendente se dirige ao hóspede chamando-o pelo seu próprio nome, além de já estar ciente de gostos e preferências do frequentador do estabelecimento.

Além disso, os sistemas de informações permitem que, ao se conhecer melhor o cliente, sejam desenvolvidos programas de treinamento das pessoas envolvidas na prestação dos serviços, com técnicas adequadas de atendimento ao público. Essa iniciativa pode representar importante diferencial competitivo, uma vez que conhecemos o cliente/usuário e estabelecemos um conjunto de técnicas apropriadas para atendermos esse consumidor de forma mais personalizada.

Uma das ferramentas que permite a construção desse grande repertório de dados (*database marketing*) é a utilização de instrumentos que permitam mensurar o nível de serviços oferecidos aos clientes. Esse nível de serviços deve ter um referencial mais próximo possível da excelência, uma vez que esse nível de critério gerará as relações de confiança necessárias e, ainda, redundará na agregação de valor aos serviços que certamente aumentará a competitividade organizacional.

É sobre esses aspectos que discorreremos neste capítulo, visando finalizar os conteúdos sobre o gerenciamento de serviços, que integram um conjunto de conhecimentos específicos dentro daquilo que convencionamos denominar de *marketing de serviços*.

4.1 O QUE É PLANEJAMENTO GERENCIAL?

É importante esclarecermos inicialmente que o planejamento é sempre uma atividade gerencial. Em outras palavras, é de competência das gerências executar o processo de planejamento, sobretudo o planejamento dito *tático administrativo*, uma vez que o chamado *planejamento estratégico* é de responsabilidade dos níveis hierárquicos mais elevados. Portanto, ao utilizarmos a expressão *planejamento gerencial*, queremos nos referir a esse nível de planejamento. Porém, vamos começar pelo começo.

O planejamento é a antecipação de um estado futuro desejado, no qual são definidos os recursos que serão necessários para conseguir isso. Uma forma de visualizar o planejamento gerencial pode ser percebida na quadro a seguir.

Quadro 4.1 – Sinopse do planejamento gerencial

Questões	Planejamento	Controle
O quê?	Determinar os serviços, especificações, processos e objetivos.	Da qualidade.
Como?	Alocando os recursos necessários ao processo de serviço.	Da eficiência e da produtividade.
Com quê?	Os recursos necessários (materiais, tecnológicos, humanos etc.).	Dos custos.
Quando?	Programação da entrega dos serviços.	Dos prazos de execução.
Quanto?	Determinação dos volumes de serviços a serem oferecidos.	Dos volumes de serviços ofertados.

Fonte: Adaptado de Razzolini Filho, 2009, p. 158.

Como podemos perceber pelo quadro anteriormente demonstrado, o planejamento gerencial implica responder a algumas questões-chave que influenciam o resultado que será obtido pelas organizações em determinado período de tempo (esse período de tempo, considerado no planejamento, é denominado *horizonte de planejamento*). Além disso, o processo gerencial sempre implica algum tipo de controle, o que se evidencia na última coluna do quadro.

Conforme vimos no capítulo 2, "gerenciar é pensar sobre o que deve ser feito, tomar a decisão e agir". Esse processo pensar-decidir-agir é a síntese do planejamento gerencial. Ou seja, planejar é decidir, no presente, o que se deseja para o futuro e agir para tornar esse futuro realidade. Para Churchill Junior e Peter (2000, p. 19), um plano de *marketing* de serviços é um documento criado pela organização.

para registrar os resultados e conclusões das análises ambientais e detalhar estratégias de marketing e os resultados pretendidos por elas. A parte da estratégia de marketing dos planos inclui formulações de objetivos de marketing, análises de clientes e mercados e compostos de marketing sugeridos para atingir os objetivos.

Assim, o planejamento da gerência de *marketing* de serviços deve combinar as ferramentas e as estratégias que permitam criar valor para os clientes e possibilitar o alcance das metas estabelecidas para a organização. O planejamento deve incluir todos os recursos necessários para sua concretização, como os orçamentos, as previsões de vendas, os lucros almejados e quaisquer outros objetivos que permitam avaliar o grau de sucesso ou fracasso do planejamento (a partir do controle realizado).

4.2 Análise ambiental no processo de planejamento

Todo processo de planejamento se inicia com uma criteriosa análise do ambiente no qual a organização se insere. Sem conhecermos o ambiente no qual atuamos, não podemos realizar uma atividade de planejamento que apresente consistência.

Isso significa que devemos conhecer profundamente os pontos fortes e fracos (ambiente interno) da organização e as oportunidades e ameaças que se apresentam a ela (no ambiente externo). A ferramenta de planejamento existente para essa avaliação externa e interna é a chamada de *análise SWOT* (ou matriz SWOT), das iniciais inglesas para forças (**S** – *Strenghts*), fraquezas (**W** – *Weaknesses*), oportunidades (**O** – *Opportunities*) e ameaças (**T** – *Threats*). Em termos do ambiente interno, utilizar esse método de análise significa que a organização deve mapear seus fluxos e processos para garantir que os mesmos estão desenhados da melhor forma possível, aproveitando suas forças e minimizando (ou eliminando) as fraquezas eventuais. Outra ferramenta possível de ser utilizada é o método de análise e solução de problemas (Masp)[4], um recurso utilizado para a melhoria de processos, bem como a reengenharia, entre outras possibilidades de melhorias internas.

Sob a perspectiva externa, é fundamental que a organização identifique no seu ambiente as oportunidades e as eventuais ameaças que possam

[4] Essas ferramentas (análise SWOT e Masp) não serão descritas aqui, uma vez que esse não é o objetivo do livro. Sugerimos a leitura de obras de planejamento àqueles interessados em aprofundar tais conhecimentos.

comprometer sua estratégia. Em relação a isso, Churchill Junior e Peter (2000, p. 26-52) detalham as dimensões dos diferentes ambientes a serem analisados, destacando que a "análise ambiental é a prática de rastrear as mudanças no ambiente que possam afetar uma organização e seus mercados". No decorrer de 26 páginas, os autores detalham criteriosamente cada um dos ambientes externos apresentados, descrevendo alguns dos seus impactos sobre as organizações e, ainda, sugerindo ações a serem adotadas no processo de planejamento, visando sustentar a estratégia organizacional.

A análise ambiental externa deve ser conduzida pela gerência de serviços a partir de perguntas instigantes que permitam vislumbrar o que acontece no "extramuros" da organização, bem como o que poderia ser feito para que o cenário externo seja favorável aos objetivos organizacionais.

Os autores apresentam uma relação dimensional de seis ambientes distintos, que exercem algum impacto sobre a organização e que devem ser considerados no processo de planejamento. Esses ambientes podem ser visualizados na figura a seguir.

Figura 4.1 – Dimensões do ambiente do *marketing* de serviços

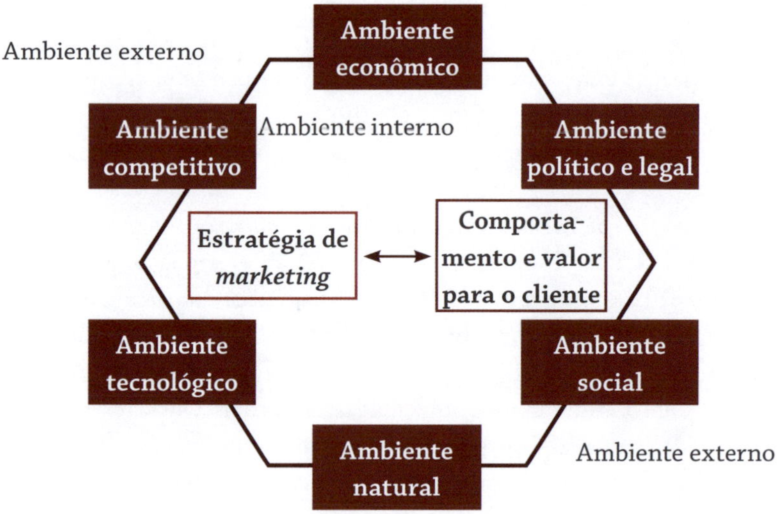

Fonte: Adaptado de Churchill Junior; Peter, 2000, p. 27.

A figura anteriormente exposta destaca o ambiente interno, é definida a estratégia de *marketing*, sempre procurando analisar o comportamento da estratégia sobre o cliente/usuário e como ela definirá valores para o cliente, demonstrando que os diferentes ambientes nos quais a organização está inserida interagem com a organização (daí estarem na interface com o ambiente interno), impactando sobre as ações que a organização adota para atuar no mercado.

Questão para reflexão

Uma organização pode definir estratégias sem considerar as dimensões ambientais externas? Ou ainda: é possível desconsiderar o impacto das dimensões externas à organização durante o processo de desenvolvimento de serviços? Justifique sua resposta.

Um bom exercício de planejamento para considerarmos tanto o ambiente interno quanto o externo consiste em nos colocarmos no papel de clientes/usuários da própria organização. Assim, o gerente pode "experimentar" os serviços que a organização oferece e, com isso, detalhar como estes impactaram sobre nossa expectativa como clientes/usuários, anotando os possíveis pontos de melhoria para satisfação de necessidades, desejos e/ou expectativas. Com isso, certamente seu trabalho será facilitado.

Muitas organizações industriais, para avaliar o serviço prestado pelo seu canal de distribuição, utilizam-se desse recurso. Um funcionário da indústria se dirige a um ponto de varejo como um comprador (ou cliente, no caso de serviços) e avalia todo o processo de atendimento. Isso permite obter informações valiosas para o planejamento em *marketing* de serviços.

4.3 OS SISTEMAS DE INFORMAÇÕES GERENCIAIS E OS SERVIÇOS

Quando falamos em sistemas de informações, imediatamente nos vem à mente a palavra *tecnologia* e, de forma geral, as pessoas tendem a pensar imediatamente em computadores, máquinas ou sistemas altamente sofisticados e esquecem que tecnologia não necessita estar associada a esses equipamentos. Por exemplo: podemos observar em uma sala de aula diferentes tecnologias de ensino-aprendizagem existentes e disponíveis às pessoas: o quadro negro, o mural na parede, um retroprojetor com transparências em acetato, um equipamento multimídia, entre outros recursos.

Pelo que podemos observar, existem diferentes recursos (tecnologias) que podem ser aplicados no processo de ensino-aprendizagem que deve ocorrer em uma sala de aula, assim como existem diferentes recursos (tecnologias) disponíveis à utilização dentro das empresas, em cada uma de suas áreas funcionais: produção, *marketing*, logística, recursos humanos, contabilidade e, ainda, no gerenciamento dos serviços.

No atual cenário competitivo, fortemente suportado por tecnologias de informação e de comunicação, tanto a tecnologia quanto os sistemas de informação devem ser pensados e estruturados de forma a apoiarem as estratégias de negócios pela agregação de valor aos processos organizacionais.

Para Caiçara Júnior (2006, p. 33), tecnologia da informação "inclui, além da telemática[5], os componentes de *hardware*, *software*, banco de dados e rede de computadores". Já Laudon e Laudon (1999) preferem classificar como *tecnologia da informação* as redes de comunicações, os equipamentos de fax, as impressoras e as copiadoras "inteligentes", as estações de trabalho (*workstations*), as comunicações em vídeo, os gráficos, o processamento de imagem e a multimídia. Ou seja, a tecnologia da informação pode ser entendida como todo e qualquer recurso que possibilite o tratamento e a transmissão de informações.

Em nossa abordagem, vamos utilizar o conceito com esse enfoque (transmissão de informações), uma vez que esse ponto de vista possibilita uma melhor compreensão dos sistemas de informações, que são essenciais para o gerenciamento dos serviços.

Na verdade, o gerente de serviços precisa gerir a informação, posto que se caracteriza como um recurso importante para o sucesso organizacional. Ocorre que atualmente o volume de informações cresce de forma exponencial, sobretudo na atividade de gerenciamento de relações de serviços.

Para realizarmos o gerenciamento das informações, é indispensável

---

[5] Telemática é a união das telecomunicações à informática. Alguns preferem usar o termo *tecnologia da informação e da comunicação* (TIC).

a utilização de tecnologia da informação e de sistemas de informação, pois são eles que apresentam a finalidade de transformar dados em informações que serão úteis aos processos decisórios (conforme veremos na sequência).

O sucesso de um sistema de informação não pode ser mensurado apenas pela eficiência na minimização de custos, tempo e uso de recursos de informação, mas principalmente pela sua eficácia "no apoio às estratégias de uma organização, na capacitação de seus processos empresariais, no reforço de suas estruturas e culturas organizacionais e no aumento do valor comercial do empreendimento" (O'Brien, 2003, p. 8).

Os três principais papéis dos sistemas de informação nas organizações podem ser assim resumidos:

- apoio às operações;
- apoio ao processo decisório;
- apoio à vantagem estratégica.

Os sistemas de informação são utilizados pelas organizações, principalmente, como apoio aos seus objetivos, inclusive os estratégicos. Para tanto, é necessário compreendermos que existem fatores críticos de sucesso (FCS) para as organizações. Entre os principais fatores críticos de sucesso que as organizações devem possuir se relacionam à capacidade de atingir **escala** de produção compatível com seus mercados, oferecer uma **variedade** (*mix*) adequada, produzir com a **qualidade** desejada/esperada por seus clientes, apresentar **preços** e **prazos** competitivos e, ainda, apresentar **inovação** constante.

Segundo Stair (1998, p. 41), em função de sua "ligação com as metas estratégicas da empresa, os fatores críticos de sucesso são usualmente identificados por gerentes de nível superior ou tomadores de decisões". Claro que a forma como cada organização identifica e utiliza seus FCSs é que vai determinar a sua estratégia competitiva. Porém, após sua identificação, é necessário avaliar os processos-chave que exercem impacto sobre esses fatores juntamente com os sistemas de informação que sejam parte de tais processos.

A partir daí podemos desenvolver os sistemas de informação sob a ótica do papel que estes vão desempenhar nos processos de agregação de valor ao negócio da organização, pois "um sistema de informação eficiente pode ter um grande impacto na estratégia corporativa e no sucesso da organização" (Stair, 1998, p. 17).

A estratégia é sempre compreendida como algo abrangente e com visão de longo prazo. Em uma linguagem militar, poderíamos compreender a estratégia como tendo por objetivo vencer a guerra, enquanto que a tática tem por objetivo vencer batalhas. Diante disso, o impacto dos sistemas de informação nas organizações, em uma visão estratégica, traduz-se em benefícios que podem ser assim resumidos:

- agregação de valor aos produtos da empresa (bens e/ou serviços);
- maior segurança;
- melhores serviços;
- vantagens competitivas;
- menos erros;
- maior precisão;
- produtos de melhor qualidade;
- aperfeiçoamento das comunicações (internas e externas);
- maior eficiência; maior produtividade;
- redução da carga de trabalho humano;
- redução de custos;
- maior e melhor controle sobre as operações;
- melhores decisões gerenciais.

Assim, analisaremos as questões relacionadas com a tecnologia da informação e sua utilização em um nível profissional.

Antes de continuarmos, é importante sabermos que os sistemas de informações são compreendidos como "um conjunto inter-relacionado de componentes que coletam (ou recuperam), processam, armazenam e distribuem informações para suporte à decisão e controle da organização" (Laudon; Laudon, 1999). A partir de meados da década de 1980, os sistemas de informações passaram a ser utilizados com uma visão mais estratégica suportados pelos modernos recursos da tecnologia da informação. Nosso objetivo nesse momento consiste em nos enfocarmos nos sistemas de informações gerenciais propriamente ditos.

4.3.1 Caracterizando os sistemas de informações gerenciais (SIGs)

Os SIGs são sistemas de apoio gerencial e tem como objetivo principal gerar relatórios padronizados para os gerentes, visando melhorar a qualidade do processo decisório na organização. Caracterizaram-se como o tipo original de sistemas de apoio gerencial desenvolvidos no período entre os anos 1970 e 1980, e ainda são uma das categorias mais importantes dos sistemas de informação, uma vez que geram produtos de informação que apoiam muitas das necessidades do processo decisório administrativo, como é o caso do gerenciamento de serviços.

Os gerentes e quaisquer outros tomadores de decisões utilizam os SIGs para solicitar informações em suas estações de trabalho em apoio às suas atividades decisórias. Basicamente, segundo O'Brien (2003, p. 250-251), podemos classificar em quatro tipos principais os relatórios gerados pelos SIGs:

- **Relatórios periódicos**: Com periodicidade programada e em formato predefinido, projetados para fornecer informações em uma base regular. Por exemplo: relatórios financeiros, relatórios de vendas, controles de inventários.
- **Relatórios de exceção**: São relatórios gerados apenas em casos de condições excepcionais. Podem ser gerados, ainda, com periodicidade definida, mas informando apenas as exceções. Por exemplo: relatório com níveis de estoque abaixo ou acima dos limites, relatórios de crédito que indiquem clientes que ultrapassam limites. O objetivo de tais relatórios é reduzir a sobrecarga de informações aos decisores.
- **Relatórios sob demanda**: Trata-se de informes e respostas sob a forma de informações disponíveis sempre que solicitadas por um gerente. Tais relatórios permitem que os gerentes obtenham respostas imediatas ou encontrem e obtenham relatórios personalizados em resposta às suas solicitações de informações necessárias sem precisar esperar por relatórios periódicos em prazos programados.

❖ **Relatórios em pilha**: Para estações de trabalho conectadas em rede, nas quais as informações são transmitidas (empilhadas) para a estação de trabalho dos gerentes e especialistas, de forma seletiva, através das intranets organizacionais.

Além da possibilidade de diferentes tipos de relatórios para suporte ao processo decisório, os SIGs também permitem uma visão sistêmica da organização ao possibilitar que as informações sejam integradas (caso necessário) de forma que o gerente de serviços possa perceber, por exemplo, o impacto do desempenho das serviços sobre os níveis de satisfação dos clientes, o fluxo de caixa e a programação da necessidade de gerenciamento de filas.

Assim, o papel dos gerentes de serviços é o de usar a tecnologia da informação para tornar suas empresas competitivas e eficientes, monitorando, controlando e tomando decisões de *marketing* de serviços suportadas pelos sistemas de informações. Além disso, os sistemas de informações devem ser utilizados como importante recurso para o planejamento estratégico do *marketing* de serviços.

A tecnologia da informação permitiu a criação de bancos de dados contendo informações valiosas sobre a organização, sobre os clientes, sobre a concorrência e sobre o mercado de atuação da empresa. Com base nesses dados informatizados, a organização pode planejar estratégias e operações táticas de *marketing* de serviços com o objetivo de prestar um melhor serviço para seus clientes. O ideal é que essas informações estejam em uma base "relacional", ou seja, informações que possam ser compiladas de arquivos diferentes, permitindo ao gerente de serviços direcionar mensagens mais precisas para cada cliente, ou grupos de clientes, em particular.

Questão para reflexão

Sabemos que, a cada dia, as organizações acumulam maiores níveis de informações sobre seus clientes. Informações que passam pelos seus hábitos de consumo, comportamentos etc. Quais os limites éticos para manter uma base de dados com informações sobre clientes?

O rápido aumento de informações detalhadas sobre os clientes nos permite possuir um grau muito maior de personalização da comunicação no contato com o cliente a partir de informações demográficas e psicográficas desses consumidores. Grande parte dessas informações é disponibilizada em fontes como o censo demográfico (IBGE), o histórico de administradoras de cartões de crédito, as listas de assinantes de revistas, entre outras fontes possíveis de informações que permitem traçar o perfil do mercado que se quer atingir.

Ocorre que, de acordo com Christopher (1999, p. 32),

> O marketing de banco de dados está transformando a maneira pela qual os mercados segmentados são abordados e as comunicações individualizadas, enviadas. Combine isso com flexibilidade em relação à resposta e à entrega de produtos e uma oportunidade competitiva significativa emergirá.

Assim, é necessário que o gerente de serviços construa um sólido banco de dados sobre os clientes da organização para permitir rápido acesso a tais informações, quando desejar prestar serviços direcionados a grupos de clientes ou a clientes individuais. É essencial que a gerência de serviços possa contar com bons sistemas de informações gerenciais; ou seja, é necessário compreender qual o papel do gerenciamento das informações de *marketing* de serviços disponíveis, conforme veremos a seguir.

4.4 O GERENCIAMENTO DOS SISTEMAS DE INFORMAÇÕES DE *MARKETING* DE SERVIÇOS

Os sistemas de informações de *marketing* de serviços podem apresentar muitos subsistemas, cada qual proporcionando informações sobre determinado problema e, em termos ideais, fornecendo condições para uma decisão automática e imediata. Os analistas responsáveis pela criação e pelo funcionamento do sistema devem fazer com que ele realmente ajude na tomada de decisões; esses analistas devem, pois, principiar seu trabalho pelos fundamentos teóricos.

O objetivo de longo prazo dos planejadores e executores dos sistemas de informações de *marketing* de serviços deve simular uma realidade na qual sejam fornecidas respostas automáticas a tantos subsistemas quanto for possível. Até o alcance do objetivo, o sistema apenas cumprirá a função mais restrita de prover a quantidade adequada de informações úteis ao gerente de serviços para a tomada de cada decisão à medida que elas surjam.

Um sistema de informações de *marketing* é um composto de pessoas, equipamentos e processos, com o objetivo de gerenciar informações a serem utilizadas pelos gerentes de *marketing* (gerência de serviços, inclusive). Sandhusen (1998, p. 126) conceitua o sistema de informações de *marketing* como uma

> estrutura contínua e em interação de pessoas, equipamentos e procedimentos para juntar, classificar, avaliar e distribuir informações pertinentes, oportunas e precisas para o uso por tomadores de decisão de marketing para melhorar o planejamento, a execução e o controle de marketing.

Podemos sintetizar um sistema de informações de *marketing* como um conjunto integrado de coleta de dados, modelos e instrumentos, parcial ou completamente informatizado, que uma organização reúne e integra para possibilitar a compreensão do seu meio ambiente e, com isso, facilitar suas ações de adaptação a esse meio.

Questão para reflexão

Um cartão-fidelidade de uma rede de supermercados, por exemplo, permite ao estabelecimento armazenar informações dos clientes/ usuários no que diz respeito ao que compram, como compram, quando compram etc. Essas informações podem ser consideradas como base para a construção de um sistema de informações de *marketing*? Justifique sua resposta

Um sistema de informações de *marketing* tem como objetivo central agregar informações sobre os clientes para o melhoramento do processo de tomada de decisão da gerência. Além disso, esse sistema pode garantir informações que, com suporte informacional adequado, possibilitam um melhor gerenciamento do relacionamento com os clientes (o uso de um *software* CRM, por exemplo). De acordo com Cobra (1985), podemos agrupar as informações possíveis de serem coletadas, processadas, armazenadas e disseminadas por um sistema de informações de *marketing* em grupos, da seguinte forma:

- ❖ Informações sobre os clientes/usuários:
  - ❖ Em que área geográfica se concentra o maior número deles?
  - ❖ Quem são os maiores clientes (reais e potenciais) da organização?
  - ❖ Quais suas necessidades pelos produtos/serviços da organização?
  - ❖ Eles demandam um eficiente serviço de vendas e de bom atendimento?
  - ❖ Que volume de negócios a organização pode esperar deles?
  - ❖ Como são as diferenças em lucratividade entre os diferentes tipos de clientes/usuários?
  - ❖ Onde há expectativa de pior desempenho nos resultados?
  - ❖ Mudanças na comunicação afetarão o nível de relacionamento?
- ❖ Informações sobre o serviço:
  - ❖ Quais os índices de lucratividade dos serviços em nível de lucro bruto? E depois de computadas as despesas diretas de *marketing*?
  - ❖ Que elementos do custo variável do serviço são influenciados pelas decisões de *marketing*? Qual a estrutura vigente de custos?
  - ❖ Que serviços reagem mais favoravelmente à promoção de vendas nos diferentes níveis de distribuição?
  - ❖ Quais as maiores vantagens e quais as maiores desvantagens dos atuais serviços fornecidos pela organização aos olhos do cliente/usuário, comparados aos da concorrência?
  - ❖ Que fatores exercem maior influência sobre o volume de vendas?
  - ❖ Qual a situação do volume e lucratividade das vendas em relação aos objetivos?
- ❖ Informações sobre a equipe de serviços:
  - ❖ Como se distribuem as equipes de serviços e que tipo de clientes/usuários elas atendem?

- Quais as necessidades de treinamento da equipe de serviços?
- O que devemos fazer para proteger e assegurar a atual clientela? E para promover o desenvolvimento de novos serviços?
- O atual critério de remuneração da equipe lhes satisfaz as aspirações e os motiva?
- Como vai o desempenho da equipe, considerando os objetivos que a organização pretende atingir?

Além das informações relacionadas nos três grupos anteriormente citados, é lógico que existem inúmeras outras informações também muito importantes. Porém, a ideia é apenas apresentar algumas das informações possíveis de serem gerenciadas por um SIM, demonstrando como podem ser conduzidas as ações da gerência de serviços de *marketing* a partir delas.

Geralmente, apenas o segundo conjunto de informações (sobre os serviços) necessita de suporte de recursos da tecnologia da informação (*software*) e, ainda assim, somente a partir de um rigoroso programa de planejamento e controle do qual se tenha certeza que os gerentes farão uso com regularidade. Caso contrário, será desperdício de recursos a informatização de um sistema dessa natureza.

Independentemente do tamanho da organização, a existência e a utilização de um sistema de informações de *marketing* são extremamente relevantes e, até mesmo, fundamentais para a competitividade. É inimaginável que uma organização, em pleno século XXI, não disponha de um sistema dessa natureza. Assim, a melhor forma de se criar um SIM, ao longo do tempo, consiste na criação de subsistemas inicialmente isolados (que podem depois ser integrados), cada um voltado ao atendimento de determinados objetivos de coleta de informações e que, com o passar do tempo, serão integrados entre si por meio de um banco de dados composto de duas partes centrais distintas. Uma delas arquiva e mantém armazenadas informações obtidas com objetivos específicos em vista, e que se espera possam ser úteis em momentos futuros para outros processos de tomada de decisão. A outra base deve conter informações acumuladas e mantidas em processo de reavaliação contínua, uma vez que essas informações são aquelas referentes ao dia a dia das operações, exigindo acesso permanente (em tempo real e *online*).

Com os atuais recursos da tecnologia da informação disponíveis a organizações de diferentes portes, é possível acessar tais bases de dados mesmo remotamente, permitindo que o processo de tomada de decisão seja ágil e flexível, para acompanhar as tendências do mundo moderno, extremamente dinâmico e competitivo.

Basicamente, as aplicações típicas de um SIM se destinam a quatro áreas principais, de acordo com Cobra (1985):

- ❖ estabelecimento de prognósticos e previsões, tanto para as atividades operacionais em andamento quanto para novos planos de serviços;
- ❖ confrontar planos de expansão e parâmetros que possam contribuir para esses planos e/ou para lhes impor restrições;
- ❖ decisões voltadas a investimentos de médio e longo prazos ou, ao contrário, referentes a "divestimentos"[6];
- ❖ Controle de todas as atividades básicas em andamento na organização e que pode conduzir ao redirecionamento dos seus destinos e recursos.

[6] Trata-se de uma expressão técnica, em contabilidade, que consiste na ação de uma empresa desfazendo-se de algum investimento anteriormente realizado

Como podemos perceber, os sistemas de informações de *marketing* são um importante instrumento para suporte da gerência de serviços, e devem ser adequadamente desenhados e gerenciados para que os objetivos organizacionais sejam atingidos e, ainda, para que os clientes sejam satisfeitos pelos serviços oferecidos pela organização.

Uma vez que o planejamento tenha sido realizado e os sistemas de informações estejam funcionando corretamente, sobretudo para os serviços baseados em pessoas, devemos qualificar os recursos humanos que vão interagir com o cliente no ato da prestação do serviço. Assim, precisamos desenvolver programas de treinamento para atingir níveis de serviços elevados, que assegurem elevados níveis de satisfação com o serviço oferecido. Esse é o assunto da próxima seção.

4.5 O PAPEL DO TREINAMENTO PARA OS SERVIÇOS

Qualificar os recursos humanos de uma organização é uma tarefa que exige empenho e dedicação, além de planejamento adequado, uma vez que o treinamento apresenta custos à organização, demanda tempo de gerentes e funcionários a serem treinados, significando que todos os envolvidos desejam que o treinamento seja um sucesso.

Segundo Fitzsimmons e Fitzsimmons (2005, p. 122), os manuais de treinamento limitam-se "a explicar as habilidades técnicas necessárias para o desempenho do trabalho [...] Mas as habilidades de interação com os clientes resumem-se a um simples comentário a respeito de ser gentil e sorrir". Ou seja, os manuais de treinamento são falhos por não compreenderem plenamente a natureza dos serviços e, portanto, não conseguem compreender claramente o papel do treinamento dos recursos humanos para os serviços.

De forma resumida, podemos afirmar que o papel do treinamento de recursos humanos da organização, envolvidos com a área de serviços, apresenta as finalidades relacionadas nos tópicos a seguir:

- preparar os profissionais para maximizar a eficiência de cada encontro com o cliente/usuário;
- ensinar aos profissionais um processo sistemático que facilite a aplicação das técnicas de atendimento ao público;
- melhorar a habilidade dos profissionais em cumprir as estratégias da organização;
- melhorar as relações com os clientes/usuários;
- melhorar a efetividade das atividades de serviços;
- ajudar os profissionais a entenderem as motivações dos clientes/usuários;
- permitir que os profissionais adquiram habilidade na condução das objeções dos clientes/usuários;
- reduzir a rotatividade (*turnover*) da equipe de serviços;
- melhorar a autoestima da equipe de serviços;
- aumentar a motivação individual e grupal;
- qualificar e priorizar oportunidades genuínas de melhorar o nível de serviço.

Como podemos perceber, são várias as finalidades do treinamento. Porém, qualquer treinamento deve ser desenvolvido a partir de um processo de planejamento detalhado, visando atingir objetivos específicos e melhoria do serviço ofertado aos clientes da organização.

Ocorre que sempre que um funcionário da organização estabelece contato com o cliente/usuário, este está sendo avaliado (consciente ou inconscientemente), e desse contato será formada a percepção do cliente/usuário em relação à qualidade do serviço. Assim, cabe ao gerente de serviços prover um treinamento bem desenhado para aqueles recursos humanos que compõem a linha de frente da organização.

Não devemos esquecer que todo e qualquer contato da organização com seus clientes (atuais ou potenciais) é sempre muito importante. É um momento especial (chamado por alguns de um *momento mágico*), e somente será perene (duradouro) se o cliente/usuário sentir que é importante para a organização, que é valorizado e respeitado.

Questão para reflexão

Para serviços suportados por pessoas, aqueles em que o cliente/usuário interage diretamente com o funcionário da organização, que características devem ser consideradas como mais relevantes?

Para ser bem executado, o treinamento dos recursos humanos da área de serviços de *marketing* deve ser entendido como importante componente do sistema de desenvolvimento de recursos humanos da organização, ou seja, como um subsistema do sistema treinamento. Para que o treinamento atinja seus objetivos, ele deve ser iniciado com uma clara definição do perfil do cargo e de seu ocupante. Vamos perceber como pode funcionar um subsistema de treinamento para o *marketing* de serviços na figura a seguir.

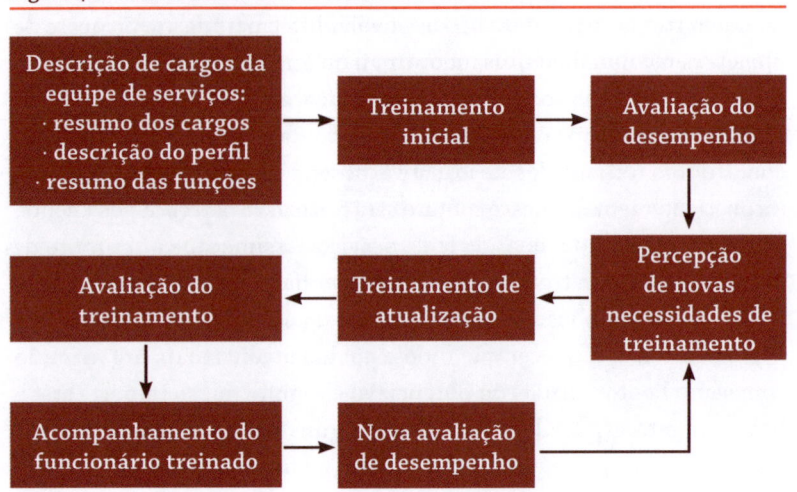

Figura 4.2 – Funcionamento de um sistema de treinamento

```
Descrição de cargos da
equipe de serviços:           Treinamento          Avaliação do
 · resumo dos cargos    →      inicial        →    desempenho
 · descrição do perfil
 · resumo das funções
                                                         ↓
                                                   Percepção
Avaliação do          Treinamento de              de novas
treinamento      ←    atualização        ←        necessidades de
                                                   treinamento
    ↓
Acompanhamento do     Nova avaliação
funcionário treinado →  de desempenho ──────────────────↑
```

Como podemos perceber, o processo de treinamento é contínuo e exige dedicação constante por parte da gerência de vendas, começando pela definição do cargo, descrição do perfil do ocupante e o resumo de suas funções. Depois disso, o funcionário deve receber um primeiro treinamento e passar por uma avaliação de desempenho.

A avaliação de desempenho é essencial, pois permite identificar pontos falhos do treinamento e/ou da execução do serviço (desempenho funcional), levando a treinamentos de atualização. Após os treinamentos de avaliação, devemos realizar uma avaliação específica do treinamento, mensurando seus pontos fortes e fracos. Após certo tempo (definido pela gerência de serviços), devemos realizar um acompanhamento do funcionário que recebeu o treinamento para avaliarmos o seu desempenho *in loco*, ou seja, no dia a dia das operações, para percebermos como o treinamento provoca (ou não) mudanças comportamentais no relacionamento com os clientes.

Nas etapas finais, o funcionário passa por nova avaliação de desempenho e, caso necessário, recebe novo treinamento. Convém destacarmos que o treinamento de atualização deve ser realizado sempre que necessário e, ainda, mesmo quando não necessário, para permitir reciclagem de conceitos, comportamentos ou outros aspectos que sejam oportunos.

Finalizando, podemos afirmar que o papel do treinamento em serviços significa preparar o funcionário que atende o cliente/usuário de tal forma que o colaborador da organização seja capaz de estabelecer um relacionamento constante com o consumidor. Ou seja, é a pessoa que presta o serviço que deve gerenciar o relacionamento com o cliente/usuário. Assim, o chamado *customer relationship management* (CRM) deve nascer das relações interpessoais que ocorrem no processo da prestação do serviço. Essa é a percepção de Zaiss e Gordon (1994, p. 48), quando afirmam que no nível do relacionamento constante é necessário existir "habilidades de gerenciamento de relações", de tal forma que tanto o prestador do serviço quanto o cliente/usuário conhecem profundamente o negócio um do outro, não existindo barreiras entre eles.

Portanto, o principal papel do treinamento para serviços é permitir que se estabeleçam relações sólidas e duradouras entre prestador de serviços e clientes/usuários, com um excelente processo de gerenciamento das relações com eles.

Uma vez tendo um bom planejamento, suportado por uma equipe devidamente treinada e por bons sistemas de informações de *marketing* para auxiliar o processo decisório, é necessário desenvolvermos boas técnicas de atendimento ao público (uma vez que o público é aquilo que devemos entender como nosso cliente/usuário), conforme veremos na sequência.

É oportuno considerarmos que estabelecer relacionamentos sólidos e duradouros com os clientes é uma das finalidades do treinamento para serviços. O estabelecimento de relações estáveis e duradouras pressupõe conhecimento, e conhecimento depende de informação oriunda da linha de frente. Essa linha de frente é que efetivamente atende ao cliente/usuário e que domina técnicas de relacionamento interpessoal para atendimento ao público, assunto sobre o qual discorreremos no próximo tópico.

4.6 TÉCNICAS DE ATENDIMENTO AO PÚBLICO

Atender ao público significa manter contato pessoal com o cliente/usuário da organização. É o momento final do processo de planejamento do serviço, é a fase na qual ocorrerá o chamado *momento da verdade*, no qual o cliente/usuário efetivamente entrará em contato com a organização e, portanto, terá condições de avaliar o desempenho do serviço prestado.

Atendimento ao público é uma atividade complexa de serviço, sendo sua simplicidade algo apenas aparente, aos olhos de quem recebe o serviço ou não percebe os "bastidores" da sua execução. O atendimento é a etapa final de um processo de múltiplos aspectos, desenvolvido em um contexto organizacional, que envolve (no mínimo) dois "atores" principais: o funcionário da organização que presta o serviço e o cliente/usuário, que o recebe.

Portanto, a prestação de serviços é uma atividade de caráter social, por envolver interações sociais entre pelo menos dois "atores" que estabelecem um relacionamento pelo tempo que durar o serviço. Isso acontece principalmente por meio da comunicação entre os "atores" do processo. Nesse momento, os objetivos, os processos organizacionais e a estrutura existente (que tangibiliza os serviços) são elementos fundamentais para conformar a prestação do serviço. Esses elementos podem facilitar ou dificultar a execução do serviço e, com isso, influir na percepção do cliente/usuário.

Isso significa que o atendimento ao público é um processo resultante do comportamento do funcionário que presta o serviço e do comportamento do cliente/usuário, com suas necessidades, seus desejos e/ou suas expectativas. O resultado dessa interação é a percepção de satisfação por parte do cliente/usuário. As técnicas de atendimento ao público se baseiam em processos de comunicação e de relacionamento interpessoal, o que significa que, para atender bem aos clientes/usuários, a equipe de atendimento deve estar preparada para acolher bem e se comunicar de forma adequada com essas pessoas (nunca devemos esquecer que os clientes/usuários são pessoas).

Assim, precisamos compreender que essas pessoas (clientes/usuários) que procuram os serviços da organização esperam encontrar um profissional (também uma pessoa) que os atendam de forma eficiente e eficaz, satisfazendo suas necessidades, suas expectativas e/ou seus desejos. Ou seja, o atendimento deve acontecer a partir de uma orientação de serviço ao cliente, baseado em uma cultura de serviços organizacional, que visa reforçar as cinco dimensões básicas da qualidade em serviços (confiabilidade, responsabilidade, segurança, empatia e aspectos tangíveis), vistas no capítulo anterior.

Para que isso ocorra, é necessário ter claro o perfil do funcionário prestador do serviço, que pode ser resumido conforme o quadro a seguir.

Quadro 4.2 – Perfil do funcionário da área de serviços

Característica	Descrição
Capacidade de atenção	Habilidade para perceber detalhes (pormenores) relevantes sobre o cliente/usuário.
Possuir sensibilidade	Habilidade de "sentir" o cliente (seus temores, angústias, preocupações etc.).
Possuir empatia	Capacidade de se colocar no lugar do cliente/usuário.
Bom senso	Capacidade de discernimento entre o que pode e o que não pode ser feito para o cliente/usuário.
Iniciativa	Ser proativo, antecipando-se às necessidades, aos desejos ou à expectativas do cliente/usuário.
Compromisso	Comprometimento com o bem-estar do cliente/usuário.
Empowerment	Capacidade de tomar decisões para resolver situações com agilidade e rapidez.
Ousadia	Habilidade de decidir mesmo sem procedimentos previamente estabelecidos.
Intraempreendedorismo	Capacidade de tomar decisões que melhorem os serviços da organização, como se fosse o "dono".

Claro que as características relacionadas no quadro anteriormente demonstrado não são exclusivas nem únicas. Porém, são características mínimas, essenciais, que o funcionário deve possuir para se relacionar com o cliente/usuário da organização. Não podemos esquecer que quando o cliente entra em contato com a organização, ele já percorreu o seu caminho decisório (ver capítulo 2, item 2.4.1 – Decisões de compras) e, com isso, já formou um pré-julgamento a respeito da organização; e, se chegou até esse estágio, o pré-julgamento foi favorável. Portanto, devemos reforçar sua pré-impressão com:

- ambiente organizado e agradável;
- rapidez no atendimento;
- acolhimento simpático, cortês e agradável;
- manifestação de disponibilidade e proximidade (sem intimidades desnecessárias);
- postura confiante (sem arrogância), manifestando credibilidade;
- apresentação de competências técnicas sobre o serviço;
- oferecimento de serviços com qualidade elevada;
- materiais informativos e acessórios bem expostos e organizados;
- comunicação empática (adequada ao receptor).

Essa simples lista anteriormente exposta nos permite concluir que o atendimento ao cliente exige profissionalismo, com pessoas que saibam operacionalizar os mecanismos do atendimento, que podem ser assim relacionados:

- acolher;
- diagnosticar necessidades e expectativas;
- sintonizar;
- argumentar;
- remover objeções;
- concluir;
- servir;
- fidelizar.

Uma vez que tenhamos estabelecido essas considerações, podemos discorrer, especificamente, sobre algumas técnicas de atendimento (lembrando que seria muita pretensão de nossa parte pretender esgotar o assunto. Portanto, recomendamos ao final do capítulo leituras adicionais para quem desejar se aprofundar nesse tema).

4.7 Atendimento pessoal e atendimento telefônico

É essencial considerarmos que quem atende aos clientes/usuários deve procurar agregar valor ao serviço que presta. Lembremos que o cliente aprecia um atendimento no qual ele é ouvido, aconselhado e servido pelo atendente. Trata-se de um elo importante entre a organização e o cliente e, por isso, deve ser realizado por profissionais competentes, conscientes de seu papel e motivados para prestar um excelente serviço. O desempenho do prestador de serviços é resultado das suas atitudes e comportamentos. Vamos começar pelo atendimento pessoal.

Não devemos esquecer que as atitudes determinam os comportamentos e, com isso, o desempenho do ato de serviço. Assim, simpatia, disponibilidade, atenção e profissionalismo são atitudes que dependem única e exclusivamente da vontade do funcionário que presta o serviço. A atitude correta e positiva no atendimento é quase garantia de reconhecimento e valorização por parte do cliente/usuário, contribuindo para a satisfação de suas necessidades, seus desejos e/ou suas expectativas. Além disso, uma atitude correta afeta a percepção do cliente/usuário em relação à imagem da organização, podendo agregar valor ou, caso contrário, prejudicar essa imagem.

O comportamento é a forma como se coloca a atitude em prática (por exemplo, sorrir, saudar com cortesia, olhar com simpatia/empatia, ouvir com atenção etc.). Assim, um funcionário que recebe o cliente com indiferença, com linguagem inadequada, sem olhar nos olhos, transmite uma imagem de quem não se sente feliz com o trabalho, de antipatia etc. Por outro lado, quando o cliente é recebido com cortesia, simpatia e profissionalismo, ele percebe o atendimento diferencial, a alegria do atendente, vendo-o como alguém que gosta das pessoas e, principalmente, do que faz.

> **Questão para reflexão**
>
> Quando um funcionário está com algum problema pessoal, seria recomendável deixá-lo realizar atendimentos a clientes/usuários? Ou você acredita que o profissionalismo deve superar problemas de ordem pessoal?

Quando era estudante de Administração, ouvi uma frase que marcou minha vida pessoal e profissional indelevelmente: "Administrar é administrar gente; para administrar gente, é preciso gostar de gente. Para gostar de gente, é preciso **ser** gente!". Embora não saiba a autoria dessa frase, ela sintetiza aquilo que penso sobre o assunto. Ou seja, ninguém deve se candidatar a trabalhar com prestação de serviços se não gostar do contato com pessoas.

Em síntese, o atendimento pessoal deve ser realizado com carinho (lembre-se que devemos "amar" os clientes), cortesia, simpatia e, no mínimo, boa educação. Agora, trataremos rapidamente sobre o atendimento telefônico.

4.8 Atendimento telefônico

Um ponto importante a ser lembrado é que o cliente/usuário que entra em contato conosco por telefone consegue "ver" nosso estado de ânimo. Faça uma experiência: ligue para algum lugar e procure imaginar como está se comportando a pessoa do outro lado da linha. Você verá que é fácil imaginar (até mesmo perceber) como a pessoa está se comportando. O atendimento telefônico de qualidade caracteriza-se por transmitir energia para o cliente/usuário e evidenciar disponibilidade. Não devemos esquecer que, atualmente, a maioria dos sistemas de telefonia é automática, na qual as pessoas devem digitar vários números antes de "conseguir falar com outro ser humano".

Assim, devemos lembrar que o telefone é, atualmente, um dos recursos mais práticos e rápidos para os clientes/usuários estabelecerem contato com a organização. Isso decorre dos novos estilos de vida e do desenvolvimento massivo das novas tecnologias, às quais as pessoas recorrem cada vez com maior frequência. Isso leva à utilização do telefone, do fax, do correio eletrônico e de outras formas de contato com a organização. Porém, vamos nos concentrar no telefone.

Ao atendermos um cliente por meio de uma ligação telefônica, devemos transmitir-lhe a certeza de que assumimos o compromisso de resolver seu problema como se fosse nosso. Vejamos algumas regras essenciais para um bom atendimento telefônico:

- **Atenda prontamente**: Não deixe o telefone tocar mais de uma vez (a maioria atende ao terceiro toque). O pronto atendimento causa uma excelente primeira impressão.
- **Atenda com uma saudação calorosa**: Imediatamente após a saudação, forneça o nome da organização e o seu nome, disponibilizando-se ao cliente (por exemplo: "Cia. XYZ, João falando, em que posso servi-lo?). Cumprimente e se identifique de forma calorosa.
- **Cuide do seu tom de voz**: Lembre de que o cliente/usuário "sente" a disponibilidade, a sinceridade, a boa vontade, a simpatia, a gentileza, o profissionalismo, a atenção etc. (como também "sente" o oposto de todas essas virtudes).
- **Ouça com atenção**: Tome notas para não esquecer (lembre-se da diferença entre escutar e ouvir).
- **Ouça com empatia, colocando-se no lugar do cliente/usuário**: Perceba a situação desde o ponto de vista do consumidor. Concentre-se nas reações com o cliente/usuário. Mostre compreensão, sempre.
- **Tenha certeza de ter compreendido tudo o que o cliente/usuário deseja**: Não tenha medo de perguntar, se ficar em dúvida. Faça perguntas abertas, escute as respostas com atenção e registre as informações.
- **Informe sempre com clareza e objetividade**: Transmita emoção positiva e confiança (mesmo quando a resposta for negativa).
- **Seja ágil, flexível e rápido**: Lembre que o tempo é um recurso escasso para todos. Argumente com vigor e proatividade.
- **Lembre-se de reafirmar sua disponibilidade**: Após ter resolvido as situações apresentadas pelo cliente ou prestado o serviço, pergunte sempre, por uma questão de polidez: "Posso ser útil em mais alguma coisa?".
- **Despeça-se de forma amigável e calorosa**: Mostre disponibilidade para próximos contatos despedindo-se da seguinte forma: "Obrigado por sua ligação"; "Sempre ao seu dispor"; "Tenha um ótimo dia"; etc.

Não podemos esquecer que o atendimento telefônico pode ser negativo pela falta de uma filosofia de serviço ao cliente/usuário. Porém, isso não nos deve impedir de sermos gentis e atenciosos com as pessoas que atendemos.

Não importa se o atendimento é pessoal ou telefônico. O importante é que a fase inicial do atendimento ao cliente/usuário seja sempre de escuta ativa, buscando identificar e compreender as reais necessidades, desejos e/ ou expectativas do cliente/usuário. À medida que o contato evolui (se bem executado), o cliente adquire confiança, sente-se respeitado e valorizado e, com isso, o atendente pode demonstrar que o serviço pode agregar valor para o consumidor.

Por fim, não devemos deixar de considerar que a satisfação do cliente é resultado da percepção que ele obtém na prestação do serviço em relação à sua expectativa inicial. É o cliente que define a qualidade do serviço que recebe.

4.9 Testando a excelência dos serviços

Como vimos até aqui, os serviços devem ser momentos mágicos na interação entre a organização e os seus clientes/usuários. Assim, sobretudo para serviços suportados por pessoas, é fundamental transmitirmos uma imagem de excelência. Para tanto, alguns aspectos devem ser considerados:

- o local onde ocorre a prestação de serviços deve ser desenhado de forma a garantir sensações agradáveis (isso é, tangibilização dos serviços);
- a aparência dos funcionários que prestam o serviço deve ser agradável;
- os funcionários devem ser ágeis e corteses;
- os funcionários e a organização devem ser competentes;
- os funcionários devem se mostrar realmente interessados no cliente/usuário;
- tanto os funcionários quanto a organização devem ser confiáveis.

Não devemos esquecer que serviços excelentes devem gerar relacionamentos de confiança. Portanto, a organização e os funcionários jamais devem prometer o que não puderem cumprir. Isso porque os serviços, mais do que em qualquer outro momento da história, têm sido a base para uma diferenciação competitiva eficaz entre as organizações.

Questão para reflexão

Diz o ditado popular: "Ninguém é obrigado a prometer; mas, prometendo, tem que cumprir". Você acredita que esse ditado deve se aplicar às organizações? Por quê?

Assim, partindo-se sempre da perspectiva do cliente/usuário, precisamos entender que o contato com o consumidor marca o início de um relacionamento. Esse relacionamento será a base sobre a qual se assentará o processo de avaliação dos serviços, o que significa que precisamos utilizar de ferramentas de *marketing* de relacionamento, dando prioridade à manutenção de clientes/usuários, e não à conquista de novos. Portanto, trata-se de uma opção estratégica da organização. Trata-se de trabalhar para fidelizar o cliente/usuário, fazendo com que ele acredite que a organização é a melhor para ele, e não apenas mais uma opção disponível no mercado. Isso significa criar uma cultura de *marketing* de relacionamento na organização.

4.9.1 Bases para se testar a excelência nos serviços

O desenvolvimento de uma estratégia de serviços concentrada nas necessidades, desejos e/ou expectativas dos seus clientes/usuários deve ser focada de tal forma que a excelência no atendimento seja aglutinadora, tomando conta de todos dentro da organização, mesmo daqueles que não mantêm contato direto com o cliente/usuário. Assim, as bases sobre as quais se assenta a excelência nos serviços podem ser assim relacionadas:

- obter compromisso dos funcionários para o bom atendimento aos clientes/usuários;
- treinar adequadamente os funcionários, para o serviço de atendimento;
- responsabilizar os funcionários da linha de frente, dando-lhes autonomia para a tomada de decisões (*empowerment*);
- desenhar sistemas e processos focados no cliente/usuário, nas suas necessidades, nos seus desejos e/ou nas suas expectativas, e não nas conveniências ou necessidades da organização;
- estabelecer planos de relacionamento focado no pré-atendimento, através de relacionamentos duradouros, personalizados, para obter a necessária sintonia com as necessidades, desejos e/ou expectativas dos clientes/usuários, satisfazendo-os e, consequentemente, fidelizando-os;
- estabelecer uma política de *benchmarking*, para manter um olhar sobre as práticas dos concorrentes e, ao mesmo tempo, possibilitando que a organização pratique melhoria contínua;
- implantar programas de avaliação, que possibilitem o acompanhamento e mensuração do nível de serviço oferecido, para corrigir desvios de rota em relação ao planejado;
- estabelecer padrões de desempenho elevados e sempre avaliar o desempenho real obtido.

Quando a organização adota essas bases sobre as quais construirá seus sistemas de avaliação da qualidade do serviço prestado, certamente terá mais sucesso que seus concorrentes.

Para finalizar, deixamos você refletir:

"Gênio não é aquele que vê o óbvio.
Hoje, gênio mesmo é aquele que faz o óbvio."

(Fábio Marques)

Síntese

Neste capítulo, vimos a importância de um bom planejamento gerencial, que deve ser uma das atividades principais do gerente de serviços, uma vez que é de sua competência o planejamento dos serviços a serem prestados aos clientes/usuários, a partir dos recursos que tem à sua disposição. Embora a função de planejamento nem sempre seja bem compreendida e, ainda, muitas vezes deixada de lado pelas organizações, é uma atividade fundamental para o sucesso organizacional.

Aprendemos que o processo de planejamento deve se iniciar com uma rigorosa análise do ambiente no qual a organização se insere, começando pelo seu ambiente interno, no qual se busca identificar quais os pontos fortes que a organização possui, podendo utilizá-los para alavancar seus recursos para atingir objetivos preestabelecidos no planejamento; assim como suas fraquezas, visando corrigi-las ou atenuá-las. Na sequência, a organização deve analisar seu ambiente externo (com todas as diferentes nuanças que se apresentam (ambiente econômico, competitivo, político e legal, tecnológico e, ainda, social), visando identificar eventuais oportunidades que possam ser aproveitadas e potenciais ameaças que devem ser neutralizadas ou eliminadas pela ação organizacional.

Estudamos os sistemas de informações gerenciais, fundamentais para oferecer o suporte ao processo decisório do gerenciamento de serviços, uma vez que, sem informação de qualidade, as decisões ficam comprometidas. Os sistemas de informações gerenciais são a base para estruturar os fluxos de informações existentes dentro das organizações e, portanto, precisam ser bem gerenciados com o suporte de sistemas bem desenhados, estruturados e suportados por recursos da tecnologia da informação.

Vimos a necessidade de sistemas de informações de *marketing* (SIM), que suportam mais especificamente a tomada de decisão na área de *marketing*. Como a área de serviços é muito suscetível às informações oriundas dos clientes/usuários, é essencial que os SIM estejam voltados para o gerenciamento do relacionamento com os consumidores, de tal forma que a qualidade das informações mantidas em bancos de dados de *marketing* (BDM) seja considerada no processo de gerenciamento da informação.

Observamos que, quando a organização realiza um bom planejamento gerencial, conta com sistemas de informações gerenciais bem estruturados e, ainda, com sistemas de informações de *marketing* que melhoram a qualidade das decisões da gerência de serviços, a questão passa a ser o gerenciamento dos recursos humanos da organização. Aprendemos que o papel do treinamento deve ser o de preparar o colaborador para que ele construa relacionamentos de confiança com os clientes/usuários da organização, a partir de um bom gerenciamento do relacionamento com o cliente/usuário. Tomamos conhecimento que o treinamento é um dos subsistemas da área de recursos humanos que deve ser realizado em etapas predeterminadas, conforme a necessidade de capacitação dos recursos humanos, demonstrada a partir de avaliações de desempenho que devem ser realizadas em determinada periodicidade, condizente com os objetivos organizacionais.

Na sequência, estudamos a questão do atendimento ao público, uma vez que isso significa manter contatos pessoais com os clientes/usuários da organização. O desempenho do funcionário na prestação de serviços é resultado de suas atitudes e comportamentos, pois são as atitudes que determinam os comportamentos e, portanto, o desempenho final da prestação de serviços. Assim, atitudes simpáticas, disponibilidade, atenção e profissionalismo dependem essencialmente da vontade de prestar o serviço. Uma atitude correta permite que o cliente/usuário perceba o serviço como agregador de valor, satisfazendo ou não suas necessidades, desejos e/ou expectativas.

Aprendemos que os serviços são responsáveis por gerar relacionamentos de confiança, uma vez que são eles a base do estabelecimento de diferenciação competitiva para a organização. Isso significa que a gerência de serviços deve trabalhar no sentido de criar uma cultura de *marketing* de relacionamento dentro da organização, com a finalidade de fidelizar os clientes, encantando-os, enamorando-os e estabelecendo confiança como elemento central desses relacionamentos.

Questões para revisão

1» Em essência, o que deve conter um planejamento de serviços?
2» Qual o papel principal do treinamento para serviços?

3» Qual a melhor forma de se criar um sistema de informações de *marketing*?
4» Como as atitudes de um prestador de serviços interferem no seu comportamento?
5» De que resulta o desempenho de um prestador de serviços? Por quê?

Para saber mais

PINTO, R. C. **Excelência em serviços**: o valor percebido pelo cliente. Disponível em: <http://sare.unianhanguera.edu.br/index.php/rcger/article/viewFile/66/64>. Acesso em: 22 dez. 2009.

Trata-se de um ótimo artigo de autoria de Ronaldo Carvalho Pinto. Recomendo sua leitura.

MARQUES, F. **Guia prático da excelência em serviços**: como conquistar clientes, aumentar os lucros e viver melhor! São Paulo: Nobel, 2006.

Trata-se de um livro excelente, que apresenta, de forma objetiva, em linguagem clara e acessível, o que é excelência em serviços e como deve ser gerenciada uma organização que objetive crescer em mercados altamente competitivos. O livro aborda de forma esclarecedora pontos fundamentais e indica ferramentas de trabalho para organizações que desejam satisfazer plenamente seus clientes. Enfatiza, ainda, o aspecto humano na prestação de serviços e no atendimento ao cliente, demonstrando como é possível atingir resultados de realização pessoal e, ao mesmo tempo, de rentabilidade para a organização. É uma leitura indispensável para quem pretende se aprofundar no assunto.

Para concluir

Ao finalizarmos este livro, fica a sensação de que o bom gerenciamento dos serviços é uma missão para quem pretende manter clientes/usuários. As organizações vitoriosas, no século XXI, serão aquelas capazes de manter clientes satisfeitos, clientes/usuários que se enamoram e que se encantam com a organização, porque os serviços que recebem representam sempre um passo à frente de suas necessidades, seus desejos e/ou suas expectativas. Isso significa que as organizações devem ser totalmente proativas em tudo o que diz respeito aos serviços.

Quando as organizações conseguem agir proativamente, a partir de análises ambientais criteriosas, pesquisas de satisfação e de mercado que antecipem eventuais necessidades, desejos e expectativas de seus clientes/usuários, elas certamente conseguem melhores resultados que aquelas organizações seguidoras, que apenas fazem o que todo mundo faz. Além disso, as organizações proativas são aquelas que conseguem implantar uma verdadeira filosofia de serviços, a partir de uma forte cultura de serviço que permeia toda a organização.

Uma organização desse tipo conta com uma gerência de *marketing* de serviços que consegue não apenas atender aos clientes/usuários, mas que também consegue os resultados desejados pelas organizações em termos de lucratividade. Clientes/usuários enamorados/encantados são sempre mais generosos no momento de remunerar os serviços que recebem. Ou seja, quando o cliente fica satisfeito, não se importa em pagar um preço justo pelo serviço que recebe.

Procuramos apresentar a importância e a necessidade de se gerenciar as pessoas de forma que sejam os "primeiros clientes/usuários" da cultura de serviços da organização. Quando uma organização consegue gerenciar bem seus próprios recursos humanos, com disposição de bem servir os consumidores, ela certamente conseguirá que seus clientes/usuários também sejam bem servidos, pois não se consegue prestar bons serviços com pessoas insatisfeitas, que não gostem da organização em que trabalham.

Uma organização com "cultura de serviço" é capaz de qualificar seus recursos humanos a respeito de responsabilidade para com os clientes/usuários, estabelecer prêmios por atitudes além das exigências do dever, reconhecer publicamente aqueles funcionários que são elogiados formalmente pelos clientes/usuários, dar apoio às decisões dos funcionários na interação com os clientes/usuários, retroalimentar os funcionários com as avaliações dos clientes/usuários etc. Assim, os funcionários entendem qual é o seu papel, a sua responsabilidade no processo e, ainda, a sua importância em cada interação com os consumidores. Certamente, tais funcionários serão orgulhosos de suas funções e do seu profissionalismo.

Também buscamos esclarecer a necessidade de uma verdadeira rede de serviços, na qual os membros da cadeia de valor da organização também compreendem a filosofia de serviços e, com isso, transmitem aos clientes/usuários essa cultura, capaz de transformar a prestação de serviços em um momento de encantamento dos consumidores. Vimos que o processo decisório de compra de serviços é profundamente afetado pelo relacionamento que se estabelece nos contatos com os clientes, o que demonstra que tal relacionamento é decisivo para um bom atendimento.

A qualidade, tão importante nas organizações industriais, é essencial nas organizações de serviços, uma vez que os serviços são mais difíceis de serem avaliados em termos objetivos. Posto que qualidade é adequação ao uso, a forma como cada cliente/usuário percebe a qualidade é que vai conferir maior ou menor valor agregado aos serviços prestados. Assim, é imperativo que as organizações se ocupem em implantar sistemas de qualidade e de produtividade voltados à melhoria contínua, visando manter os clientes/usuários cada vez mais motivados com os serviços que recebem.

Para conseguirmos tudo isso, é essencial que os serviços sejam corretamente planejados, a partir de uma visão clara do que os clientes/usuários necessitam, desejam e/ou esperam obter da organização. Quando a organização planeja a partir da perspectiva do cliente/usuários, ela compreende que os contatos com os consumidores sempre marcam o início de relacionamentos e, em um mundo onde os relacionamentos são cada vez mais superficiais, estabelecer relacionamentos estáveis e duradouros é fundamental para quem quiser sobreviver no longo prazo.

Os clientes/usuários avaliam os serviços que recebem em função do relacionamento que foi estabelecido com eles. Essa avaliação exige a utilização das ferramentas do chamado *marketing* de relacionamento, priorizando-se a manutenção dos clientes/usuários conquistados em vez da conquista de novos, em uma abordagem estratégica da organização que desejar vencer no cenário dos serviços. É preciso considerar o quanto o cliente/usuário estará disposto a investir nesse relacionamento ao longo de toda sua vida. Muitas organizações adotam a **abordagem transacional** (visão do lucro em cada transação), quando o correto para os serviços é uma **abordagem relacional**, na qual o lucro advém do relacionamento sólido e duradouro.

A proposta de mudar a abordagem faz lembrar a fábula da Galinha dos Ovos de Ouro, na qual a ganância excessiva, a pressa em obter o lucro fácil acaba por matar a fonte geradora da verdadeira riqueza. Ou seja, é preciso manter a visão clara de que os relacionamentos sólidos e duradouros é que permitem que os ovos de ouro continuem sendo gerados permanentemente.

Relacionamentos são sempre difíceis. É difícil estarmos à disposição do outro, ouvirmos o outro, entendermos suas angústias, seus medos e suas inseguranças. Porém, é preciso estarmos atentos, dispostos a compreendermos que os relacionamentos exigem dedicação mútua, confiança mútua e (com)partilhamento. Quando as organizações compreenderem os relacionamentos com os clientes/usuários sob essa perspectiva, elas estarão prontas para oferecerem serviços de qualidade, atendendo efetivamente às necessidades, desejos e/ou expectativas dos seus clientes/usuários.

Essa mudança de transação para relacionamento é uma proposta de quebra de paradigma, que deve se instalar naquelas organizações com foco no cliente/usuário, de tal forma que construam o verdadeiro *marketing* de relacionamento: foco total nas relações com seus clientes/usuários, visando estar sempre a serviço deles.

Claro que isso tudo não é tão simples e fácil assim. Porém, se fosse fácil, não seria necessário quebrar paradigmas...

Glossário

B2B: *Business to Business* – Negócios realizados entre empresas.

B2C: *Business to Consumer* – Negócios realizados entre empresas e consumidores.

CRM: *Customer Relationship Management* – Trata-se de um *software* para o gerenciamento do relacionamento da organização com seus clientes, que funciona como um grande banco de dados no qual se armazenam informações valiosas sobre os clientes, que permitem melhorar o relacionamento destes com a organização pela correta identificação de suas necessidades, desejos e/ou expectativas.

C2B: *Consumer to Business* – Negócios que são realizados pelo consumidor, a partir de sua seleção e ativação em equipamentos eletrônicos colocados à sua disposição (por exemplo, máquinas de autosserviço) ou em *sites* das empresas.

DBM: *Data Base Marketing*, ou Base de Dados de *Marketing* – Base de dados específica para utilização pelos sistemas de informação de *marketing* (SIM).

DDG: Discagem Direta Gratuita (ex.: serviços telefônicos 0800).

Data *Mining*: Mineração de Dados – *Software* que permite às organizações cruzarem milhares de dados armazenados em seus bancos de dados e, com isso, gerar informações que não seriam percebidas sem o apoio do sistema.

E-mail: Correio eletrônico.

E-service: Serviços eletrônicos – É a prestação de serviços com o suporte dos recursos proporcionados pelas tecnologias da informação e da comunicação (TICs).

Hardware: Termo destinado a representar todos os elementos materiais – os dispositivos mecânicos, eletromecânicos e eletrônicos – existentes em um computador.

Just in time: "No momento certo" – Filosofia de produção que visa fazer com que os recursos necessários ao processo produtivo (sobretudo matérias-primas) estejam disponíveis na hora em que sejam necessários. Visa reduzir (ou eliminar) os estoques.

Milk run: Processo de suprimento efetuado por um operador logístico, que consiste na busca do material diretamente junto aos fornecedores da indústria, normalmente instalados em uma mesma planta industrial ou muito próximos a ela. Também pode ser compreendido como o processo de planejamento de rotas de coletas com múltiplas paradas. Geralmente, é uma operação logística contratada por indústrias montadoras.

SAC: Serviço de Atendimento ao Cliente (ou ao Consumidor).

Software: Conjunto de instruções, métodos, procedimentos, regras e documentação relacionados com o funcionamento de um programa. É através de um *software* que o computador (*hardware*) opera.

TIC: Tecnologia da Informação e da Comunicação. É uma expressão abrangente para incluir os recursos de *hardware*, *software*, redes, sistemas e todo e qualquer recurso que permita transmissão de dados e comunicação entre pessoas e/ou organizações.

Estudos de caso

Estudo de caso 1

O Colégio XYZ e a atuação em novos mercados – o suporte de serviços

O Colégio XYZ é uma escola tradicional localizada em um dos bairros mais populosos de uma grande capital. Oferece um ensino sério e competente, suportado por um corpo de funcionários extremamente competentes e dedicados. O colégio oferta cursos desde o ensino pré-escolar (educação infantil), passando pelo ensino fundamental, até o ensino médio e pós-médio, com mensalidades compatíveis com o poder aquisitivo do seu público-alvo. Mantém diversos serviços adicionais, como escolinhas de futebol, voleibol, basquetebol, xadrez, judô, balé, centro de línguas, centro cultural e outros serviços.

A própria tradição da escola faz com que as pessoas trabalhem com prazer e dedicação, com uma cultura de serviços difícil de ser encontrada em outras escolas concorrentes. Mas, o importante é que tal cultura é decorrência de um estilo gerencial leve e descontraído, onde as pessoas são motivadas a darem o melhor de si em prol dos clientes (alunos, pais e comunidade). Assim, é comum que a escola conte com gerações de membros de uma mesma família frequentando seus diversos cursos.

O Colégio XYZ chegou a atingir um número significativo de estudantes, para uma escola instalada em um bairro e com ensino pago, contra a oferta de muitas vagas nas escolas públicas localizadas nos arredores: 6.000 alunos.

Em anos recentes, com o crescimento acelerado da região da cidade, várias outras escolas perceberam esse fenômeno e o potencial da região, instalando-se nas redondezas, ofertando um leque diversificado de serviços educacionais, enquanto que o Colégio XYZ manteve sua estrutura educacional inalterada. A única mudança que aconteceu foi que o Colégio XYZ inaugurou uma faculdade, passando a incluir a educação superior no seu portfolio de serviços, com três cursos superiores, inicialmente.

Porém, nesse mesmo período, houve uma mudança na administração da organização. Foi feita uma separação física e administrativa das áreas de educação infantil, fundamental, ensino médio e ensino técnico da instituição. Até mesmo por uma questão de lógica de gerenciamento, o ensino superior foi separado, tendo a organização construído um novo espaço físico específico para sua faculdade. Assim, novos serviços passaram a ser ofertados pela Faculdade XYZ: três cursos superiores e vários cursos de pós-graduação (especializações).

A nova direção do colégio não percebeu as mudanças que estavam acontecendo ao seu redor ou, se percebeu, não se preocupou, acreditando que apenas a história de sucesso passado seria suficiente para sustentar sua posição. O resultado foi que, em curto espaço de tempo (pouco mais de dois anos), seu contingente de alunos se reduziu a menos de 2.000 integrantes.

A oferta dos cursos superiores também não obteve o sucesso esperado, uma vez que a instituição não conseguiu atrair um número significativo de ex-alunos do colégio para a faculdade (essa era a intenção inicial). Também na área dos cursos superiores surgiu uma oferta muito grande de várias outras instituições, uma vez que a demanda potencial existente na região despertou o interesse de inúmeras instituições.

Com uma concorrência forte e, ainda, sem investir em inovações nos serviços, o Colégio XYZ foi perdendo cada vez mais seu foco: qualidade na prestação de serviços. Perdendo o foco, foi perdendo cada vez mais alunos, criando-se um ciclo vicioso difícil de romper.

O fator-chave que desencadeou esse processo, além do crescimento exponencial da concorrência, foi a mudança no estilo administrativo. Antes, a organização era suportada por pessoas e, depois, com a nova administração, buscou-se reduções de custos em todos os pontos em que se acreditava ser possível, inclusive resultando na dispensa de funcionários muito antigos, que conheciam a maioria dos alunos pelo nome. O público-alvo foi percebendo o distanciamento da nova administração, que se fechava no seu gabinete de trabalho e não atendia mais as pessoas – o oposto da administração anterior, que passava o tempo todo circulando entre os alunos, professores e demais funcionários, ouvindo-os e estimulando o atendimento sempre acompanhado de um sorriso.

Depois de ver o número de alunos se reduzir a um terço do que era antes, ver o projeto da faculdade não atingir os objetivos propostos nos prazos esperados, finalmente aconteceu uma mudança. A administração central da organização entendeu que a direção era um cargo-chave para o sucesso e, então, demitiu as direções tanto do colégio quanto da faculdade e efetuou as seguintes alterações:

- ❖ No colégio, promoveu ao cargo de diretor geral um professor com longo tempo de casa, que se relacionava bem com todos os demais professores, bem como com funcionários administrativos e com os alunos;
- ❖ Na faculdade, contratou um diretor oriundo de outra cidade, sem conhecimento da história da organização e sem vínculos com ninguém.

Com essas mudanças percebeu-se que, imediatamente, o clima organizacional melhorou significativamente no colégio, enquanto que na faculdade piorou. Porém, no médio prazo, a nova direção da faculdade construiu relacionamentos com professores e funcionários, imprimindo um novo estilo de gerenciamento que permitiu o crescimento desejado pela administração central. Porém, importante destacar que o crescimento se deu em virtude da oferta de um número maior de cursos, e não pelo aumento de alunos nos cursos já existentes.

No colégio, as mudanças imediatas começaram a surtir o efeito desejado: houve um aumento no número de matrículas. Isso decorreu da volta a um modelo anterior, sem descuidar de enxergar as mudanças no ambiente externo à organização.

Questões para discussão do caso

1» Você acredita que o estilo de gerenciamento pode realmente influir no comportamento das pessoas? Por quê?
2» Como você desenharia um sistema de serviços para um colégio como o descrito no caso? E para uma faculdade?

Estudo de caso 2

A Sanepar e a qualidade*

* Estudo de caso elaborado pelo autor com base em informações disponíveis no *site* da empresa: <http://www.sanepar.com.br>.

A história da Sanepar – Companhia de Saneamento do Paraná – iniciou-se em 23 de Janeiro de 1963, quando foi criada como uma empresa pública, com o objetivo de promover ações de saneamento básico em todo o Estado do Paraná. Atualmente, o governo do Estado do Paraná detém 60% das ações da empresa, o Grupo Dominó detém 39,7% e os 0,3% restantes são de acionistas diversos.

Hoje a Sanepar atua em 621 municípios do Estado do Paraná, beneficiando mais de 8,1 milhões de habitantes.

A preocupação da Sanepar com as questões relacionadas à qualidade iniciou-se no início dos anos 1990. Em 04 de agosto de 1992, a empresa assinou um convênio com o Instituto de Tecnologia do Paraná – Tecpar, do governo do estado, e com o Instituto Brasileiro de Qualidade Nuclear (IBQN), visando obter sua certificação de qualidade.

Com a assinatura do convênio, a Sanepar iniciou o desenvolvimento e implementação de ações com o objetivo de criar a consciência da qualidade junto a seu quadro de funcionários, em termos da importância da qualidade total para a organização e, ainda, para os próprios indivíduos. Além disso, as ações visaram capacitar seu quadro funcional em termos dos conceitos, métodos e técnicas do gerenciamento pela qualidade total.

Nesse período inicial de conscientização e capacitação, foram promovidos 374 eventos de treinamento ao quadro funcional da Sanepar, formando mais de 5.600 funcionários capacitados. Desse total de 374 eventos, 328 foram desenvolvidos e aplicados por multiplicadores da qualidade da própria empresa. Com os funcionários conscientes e capacitados, em 1994 a empresa iniciou uma segunda etapa, na qual foram concebidos os primeiros mecanismos que possibilitaram ações para a qualidade: a criação de equipes de melhoria da qualidade (EMQ), das ações individuais da qualidade (AIQ) e da metodologia de análise de melhoria de processos (AMP).

As equipes de melhoria da qualidade – EMQ – têm como objetivo a realização de melhorias em processos, utilizando um método de análise que foi desenvolvido e divulgado naquela ocasião. Essas EMQ's recebem apoio técnico de consultores internos da qualidade, que foram capacitados na segunda etapa do processo. Atualmente, as ações individuais da qualidade (AIQ), são denominadas banco de ideias Sanepar (BIS), concebidas para possibilitar melhoria em atividades dentro dos processos. Trata-se de um instrumento de iniciativa individual.

A partir de uma base devidamente implantada de conhecimento e de práticas, em 1996, a Sanepar iniciou o "Projeto Experimental Campo Largo", que tinha como objetivo desenvolver e testar um modelo de gerenciamento que permitisse melhorias contínuas de qualidade e produtividade em sistemas de abastecimento de água e esgoto sanitário, aplicando os conceitos e os instrumentos do gerenciamento pela qualidade.

Com isso, 34 anos após sua fundação, a Sanepar se torna a primeira empresa de saneamento da América Latina a conseguir um certificado ISO 9002 para um sistema de produção de água: o sistema Itaqui – Campo Largo, em razão da política de qualidade adotada pela empresa. A certificação ocorreu no mês de agosto do ano de 1997. A empresa obteve a certificação NBR ISO 9002:1994. Dez anos depois, essa mesma unidade foi certificada pela nova versão da NBR ISO 9001:2000.

No ano seguinte, 1998, com o objetivo de responder à questão da responsabilidade ambiental, a Sanepar implantou e obteve, em novembro de 1999, a certificação pela NBR ISO 14001:1996, no sistema de Foz do Iguaçu. Com isso, a Sanepar se tornou a primeira empresa de saneamento das Américas a receber essa certificação, para um sistema completo de água e esgoto. Trata-se de um certificado considerado como um dos mais importantes e mais reconhecidos, em todo o mundo, na área do meio ambiente, atestando que o sistema Foz do Iguaçu é operado de forma ambientalmente correta e responsável, desde a captação da água para tratamento até a destinação final do esgoto. A empresa que realizou a auditoria para indicação da ISO 14001 foi a empresa americana de auditoria ABS Quality Evaluations. Novamente, em 2005, a certificação foi dada pela versão 2004 daquela norma.

Desde 1997, a Sanepar já conta com dezoito prêmios do Prêmio Nacional da Qualidade em Saneamento (PNQS). O mais recente deles foi concedido ao sistema Ponta Grossa, que foi premiado no nível 1. Importante esclarecer que a Sanepar participa como candidata ao prêmio por meio de suas unidades de

negócio (cada cidade é uma unidade de negócio independente), que apresenta autonomia para se candidatar ao prêmio, caso seja considerado um modelo de gestão da qualidade eficiente.

Uma característica interessante do PNQS é que as unidades não competem entre si. As candidatas inscritas procuram obter o maior número de pontos pelo desenvolvimento dos seus processos com qualidade, por meio da gestão eficiente, pelos resultados obtidos e pelo atendimento de rigorosos critérios de avaliação aos quais se submetem.

A partir do ano de 2005, foi criado o Prêmio Paranaense de Qualidade em Gestão, e a Sanepar, por meio de suas unidades de negócio, tem participado e obtido premiação nos diversos níveis desse prêmio.

Uma das unidades de destaque é a estação de tratamento ambiental (ETA) do Iraí. Essa ETA apresenta a mais moderna tecnologia mundial no setor de saneamento.

Estação de tratamento de água Iraí, localizada em Pinhais

Essa ETA apresenta a mais moderna tecnologia mundial no setor de saneamento, destacando-se o inovador processo de tratamento da água por meio de flotação, que representa um significativo incremento em produtividade, economia e qualidade final do produto. Apresenta uma capacidade de produção de 4.200 litros por segundo, em módulos de 800 litros por segundo.

Essa estação atende mais de um milhão de habitantes na cidade de Curitiba e sua região metropolitana. Ela recebe água da represa do Rio Iraí, que possui uma área de 14,2 quilômetros quadrados e uma capacidade de armazenamento de até cinquenta e oito bilhões de litros.

A empresa, no dia a dia das operações, procura utilizar sempre recursos tecnológicos avançados para obter ganhos permanentes de qualidade e de produtividade. Um desses recursos utilizados foi a introdução do fornecimento de equipamentos *handhelds* (literalmente computadores de mão), para os funcionários responsáveis pela leitura dos hidrômetros nas casas dos clientes. Com isso, substituiu-se papel, caneta e o retrabalho gerado no processo anterior, uma vez que os "leituristas" tinham de fazer a leitura e, na sequência, essa tinha de ser lançada em um sistema para a emissão da fatura. Além de minimizar os erros e a duplicidade de esforço, houve substancial redução de custos, melhoria da qualidade e significativo aumento de produtividade, uma

vez que as contas são entregues exatamente no momento em que a leitura é realizada, pelos próprios "leituristas".

Tudo isso tem feito da Sanepar uma companhia em permanente crescimento e com elevado nível de satisfação por parte dos seus clientes/consumidores.

Questões para discussão do caso

1» Avalie se seria possível à Sanepar obter crescimento constante sem contar com suporte de recursos de tecnologia da informação. Além disso, discuta se os prêmios obtidos também seriam possíveis sem esses recursos.

2» De que forma o desenho de processos de serviços pode ser responsável pelos incrementos de produtividade obtidos pela Sanepar?

Referências

ACOSTA, M. I. G.; SUÁREZ, J. A. **Diseño del servicio al cliente**. La Habana: Logespro; Ceta, 2001.

BALLOU, R. **Logística empresarial**: transportes, administração de materiais e distribuição física. São Paulo: Atlas, 1993.

B. I. INTERNACIONAL. **Universidade do Hamburguer recebe palestra sobre gestão do tempo, promovida pelo B. I. International**. Disponível em: <http://www.biinternational.com.br/noticias/index.php?id=202&acao=ver&categ=3>. Acesso em: 13 out. 2009.

CAIÇARA JÚNIOR, C. **Sistemas integrados de gestão – ERP**: uma abordagem gerencial. Curitiba: Ibpex, 2006.

CHRISTOPHER, M. **Logística e gerenciamento da cadeia de suprimentos**: estratégias para a redução de custos e melhoria dos serviços. São Paulo: Pioneira, 1997.

_____. **O marketing da logística**: otimizando processos para aproximar fornecedores e clientes. São Paulo: Futura, 1999.

CHURCHILL JUNIOR, G.; PETER, J. P. **Marketing**: criando valor para os clientes. São Paulo: Saraiva, 2000.

CLM – Council of Logistics Management. **World class logistics**: the challenge of managing continuous change. Oak Brook: CLM, 1995.

COBRA, M. H. N. **Marketing básico**: uma perspectiva brasileira. 3. ed. São Paulo: Atlas, 1985.

CRESPO, A. A. **Estatística fácil**. 8. ed. São Paulo: Saraiva, 1991.

DECIGI – Departamento de Ciência e Gestão da Informação. **O mercado de trabalho**. Curitiba: Decigi, 2009. Disponível em: <http://www.decigi.ufpr.br/mercadodetrabalho.htm>. Acesso em: 05 mar. 2009.

DESATNICK, R. L.; DETZEL, D. H. **Gerenciar bem é manter o cliente**. São Paulo: Pioneira, 1995.

FARID, J; CHIARINI, A. **IBGE**: serviços financeiros foi setor que mais cresceu. 2008. Disponível em: <http://portalexame.abril.com.br/ae/economia/m0167538.html>. Acesso em: 23 set. 2009.

FITZSIMMONS, J. A.; FITZSIMMONS, M. J. **Administração de serviços**: operações, estratégia e tecnologia da informação. 4. ed. Porto Alegre: Bookman, 2005.

GAITHER, N.; FRAZIER, G. **Administração da produção e operações**. 8. ed. São Paulo: Pioneira Thomson Learning, 2001.

GRONROOS, C. **Service management and marketing**. Lexington (MA): Lexington Books, 1990.

HOUAISS, A.; VILLAR, M. de S.; FRANCO, F. M. de M. **Dicionário da língua portuguesa**. 1 ed. Rio de Janeiro: Objetiva, 2009.

JOHNSTON, R.; CLARK, G. **Administração de operações de serviço**. São Paulo: Atlas, 2002.

JURAN, J. M. **Juran planejando para a qualidade**. São Paulo: Pioneira, 1990.

LA LONDE, B. J.; ZINSZER, P. H. **Customer service**: meaning and measurement. Chicago: National Council of Physical Distribution Management, 1976.

LAMBERT, D. M.; STOCK, J. R.; VANTINE, J. G. **Administração estratégica da logística**. São Paulo: Vantine Consultoria, 1998.

LAUDON, K. C.; LAUDON, J. P. **Sistemas de informação com internet**. 4. ed. Rio de Janeiro: LTC, 1999.

LEMOS, C. E.; SALVADOR, P. O seu cliente: como irritá-lo ou agradá-lo. In: LEMOS, C. E. **Laboratório de marketing**. São Paulo: Nobel, 1997.

LOVELOCK, C; WRIGHT, L. **Serviços**: marketing e gestão. São Paulo: Saraiva, 2001.

MEIRIM, H. **Mobilidade & logística**: melhoria em produtividade e qualidade de serviço. Disponível em: <http://www.administradores.com.br/artigos/mobilidade_logistica_melhoria_em_produtividade_e_qualidade_de_servico/12549/>. Acesso em: 17 ago. 2006.

MILAN, G. S. O serviço ao cliente e a competitividade das empresas. In: ENCONTRO NACIONAL DE ENGENHARIA DE PRODUÇÃO, 25., 2005, Porto Alegre. **Anais...** Porto Alegre: Enegep, 2005.

O'BRIEN, J. **Sistemas de informação e as decisões gerenciais na era da internet**. São Paulo: Saraiva, 2003.

PALADINI, E. P. **Avaliação estratégica da qualidade**. 2. reimpr. São Paulo: Atlas, 2007.

_____. **Qualidade total na prática**: implantação e avaliação de sistemas de qualidade total. 2. ed. São Paulo: Atlas, 1997.

PARANHOS FILHO, M. **Gestão da produção industrial**. Curitiba: Ibpex, 2007.

PETER, T.; WATERMAN JUNIOR., R. H. **Search of excellence**: lessons from america's best-run companies. New York: Harper Business Essentials, 1992.

PORTAL DE GESTÃO DA INFORMAÇÃO. **O mercado de trabalho**. Disponível em: <http://www.decigi.ufpr.br/mercadodetrabalho.htm>. Acesso em: 05 mar. 2009.

RAZZOLINI FILHO, E. **Administração de material e patrimônio**. Curitiba: Iesde, 2009.

_____. **Avaliação do desempenho logístico de fornecedores de medicamentos**: um estudo de caso nos hospitais paranaenses. 2000. 202 f. Dissertação (Mestrado) – Universidade Federal de Santa Catarina, Florianópolis, 2000.

_____. **Logística**: a evolução na administração – desempenho e flexibilidade. Curitiba: Juruá, 2006.

RAZZOLINI FILHO, E. Concepções usuais da qualidade: a visão dos consumidores, que as empresas não enxergam. **Revista Brasileira de Administração**, Brasília, v. 27, p. 25-31, dez. 1999.

_____.; ZARPELON, M. I. **Dicionário de Administração de A a Z**. 2. ed. Curitiba: Juruá, 2005.

SANDHUSEN, R. L. **Marketing básico**. São Paulo: Saraiva, 1998.

SANEPAR – Companhia de Saneamento do Paraná. Disponível em: <http://www.sanepar.com.br>. Acesso em: 15 dez. 2009.

SLACK, N.; CHAMBERS, S.; JOHNSTON, R. **Administração da produção**. São Paulo: Atlas, 2002.

STAIR, R. M. **Princípios de sistemas de informação**: uma abordagem gerencial. 2. ed. Rio de Janeiro: LTC, 1998.

TURQUETI, G. **Samsung experience**. Disponível em: <http://casesdesucesso.files.wordpress.com/2008/07/samsung.pdf>. Acesso em: 12 fev. 2010.

ZAISS, C. D.; GORDON, G. **Sales effectiveness training**. New York: Dutton, 1994.

ZEITHAML, A.; BERRY, L.; PARASURAMAN, A. The nature and determinants of customer expectations of service. **Journal of the Academy of Marketing Science**, New York, v. 21, n. 1, p. 1-12, 1993.

Respostas

Questões para revisão – Capítulo 1

1» Padrão de resposta esperado:
Serviço pode ser compreendido como uma atividade isolada, ou um complexo de atividades, através da qual se tenta fazer com que um produto, ou um conjunto deles, satisfaça necessidades, desejos e/ou expectativas de clientes/consumidores. Serviço ao cliente/consumidor é a realização de todos os meios possíveis para satisfazê-lo, oferecendo facilidades e informações sem limitar a duração desses serviços, mesmo que os mesmos sejam oferecidos graciosamente, sem custo adicional para o cliente/

consumidor, pois o importante é o estabelecimento de relações duradouras com os consumidores.

2» **Padrão de resposta esperado:**
Um dos principais fatores que possibilitou o rápido crescimento do setor de serviços foi a evolução das tecnologias da informação e da comunicação (TICs), que permitem maior volume de informações sobre os clientes e, consequentemente, maior controle sobre os serviços ofertados.

3» **Padrão de resposta esperado:**
Os elementos do serviço podem ser divididos em três partes distintas: aqueles que são prestados antes da transação em si, denominados *elementos pré-transação*, seguidos dos elementos que são ofertados durante a transação em si, denominados *elementos transacionais* e dos elementos que são oferecidos após a prestação do serviço, denominados *elementos pós-transação*.

4» **Padrão de resposta esperado:**
Demanda de serviço pode ser entendida como as características que o cliente deseja para o serviço que espera receber e sua respectiva disposição em pagar por isso. Meta de serviço são os objetivos estabelecidos pela organização como parâmetros para avaliar o serviço oferecido. Nível de serviço é o grau em que se cumpre a meta estabelecida.

5» **Padrão de resposta esperado:**
Os serviços são agregação de valor à organização (ou aos seus produtos). Assim, deve-se buscar a felicidade do cliente, pois não podemos esquecer que o cliente satisfeito é sinônimo de cliente que teve suas expectativas atendidas, ou superadas, pelo serviço ofertado pela organização.

Questões para revisão – Capítulo 2

1» **Padrão de resposta esperado:**
Entender o comportamento do cliente ajuda o gerente de serviços a entender as necessidades do mercado e a desenvolver compostos de *marketing* de serviços para satisfazer essas necessidades

2» **Padrão de resposta esperado:**
O comportamento do cliente pode ser definido como um processo metódico por meio do qual o indivíduo se relaciona com o seu meio ambiente, no processo de tomada de decisões a respeito dos serviços que lhe são oferecidos. As etapas do processo decisório são: reconhecimento do problema, busca da informação, avaliação da informação obtida, decisão de compra (ou não) e aferição pós-compra/decisão.

3» **Padrão de resposta esperado:**
Para estruturar a rede de fornecimento, é necessário considerar as características dos clientes, suas preferências, sua disponibilidade em pagar por valor agregado aos serviços e, ainda, a percepção de valor que o cliente terá do serviço que receber em função daquilo que represente a satisfação de suas necessidades, desejos e/ou expectativas.

4» **Padrão de resposta esperado:**
O principal fator diferenciador é a percepção de risco. Na compra de serviços individuais, a percepção de risco é muito menor que na compra empresarial. No processo de compra empresarial, a decisão envolve a organização em compromissos que podem não se extinguir com a prestação do serviço.

5» **Padrão de resposta esperado:**
O principal suporte é informação. Quanto melhor o nível de informações, melhor a qualidade das decisões tomadas.

Questões para revisão – Capítulo 3

1» **Padrão de resposta esperado:**
Dentre as principais dificuldades, destacam-se o absenteísmo dos recursos humanos, a rotatividade (*turnover*) das pessoas que prestam o serviço e, ainda, a variação de produtividade existente na oferta dos serviços.

2» **Padrão de resposta esperado:**
A organização deve focar nas necessidades e desejos dos clientes, tratando-os de forma individualizada e criando valor para eles.

3» **Padrão de resposta esperado:**
Em função do conceito de adequação ao uso, o próprio termo permite identificar o cliente/usuário do serviço, como o elemento prioritário.

4» **Padrão de resposta esperado:**
Deve-se compreender que existe um *continuum* entre o serviço que a organização oferece e a percepção dos clientes em relação ao serviço. Assim, o conceito de avaliação da qualidade pode ser entendido por meio do grau com que o serviço atende às expectativas dos clientes.

5» **Padrão de resposta esperado:**
Porque sem avaliação não se consegue melhorar o nível de serviços que se oferece aos clientes e, como resultado, a organização perde competitividade em relação à concorrência.

Questões para revisão – Capítulo 4

1» **Padrão de resposta esperado:**
O planejamento de serviços deve definir a estratégia a seguir (de acordo com a estratégia da organização), estabelecer os objetivos a serem atingidos e definir os planos para cada um dos serviços ofertados pela organização.

2» **Padrão de resposta esperado:**
O principal papel do treinamento para serviços é o de preparar o funcionário que atenderá o cliente/usuário, para que ele possa criar relacionamentos constantes com esse consumidor. O funcionário deve ser treinado para gerenciar o relacionamento com o cliente/usuário

3» **Padrão de resposta esperado:**
A melhor forma de se criar um SIM, gradualmente, consiste em criar subsistemas inicialmente isolados, cada um voltado ao atendimento de objetivos específicos de coleta de informações e que, depois, poderão ser integrados em uma base de dados única.

4» **Padrão de resposta esperado:**
São as atitudes que determinam o comportamento e, portanto, o desempenho do ato de serviço. O comportamento pode ser entendido como a forma pela qual se coloca a atitude em prática. Portanto, a atitude determina o comportamento.

5» **Padrão de resposta esperado:**
O desempenho do prestador de serviços é resultado das suas atitudes e comportamentos, pois são as atitudes que determinam os comportamentos, determinando o desempenho da prestação de serviços.

Sobre o autor

Edelvino Razzolini Filho, paranaense de União da Vitória, é administrador de empresas, formado pela Universidade Federal do Paraná – UFPR, especialista em *Marketing* pela Unifae, mestre e doutor em Engenharia de Produção pela Universidade Federal de Santa Catarina – UFSC. Atualmente, é professor de graduação no curso de Gestão da Informação da UFPR. Leciona também em curso de pós-graduação *stricto sensu* no Programa de Mestrado Multidisciplinar em Ciência, Tecnologia e Gestão da Informação, ministrando a disciplina de Informação e Comunicação Integrada de *Marketing*.

Tem uma longa *história* de atuação no mercado de trabalho nas áreas de vendas, prestação de serviços de treinamentos e consultorias em *marketing* e logística. Foi empresário e dirigente de várias empresas ao longo de sua vida profissional.

Além disso, o autor publicou outros livros pela Editora InterSaberes, além de artigos em revistas e eventos científicos nacionais e internacionais. Para contato com o autor: <razzolini@onda.com.br>.

Impressão: FOTOLASER
Outubro/2013